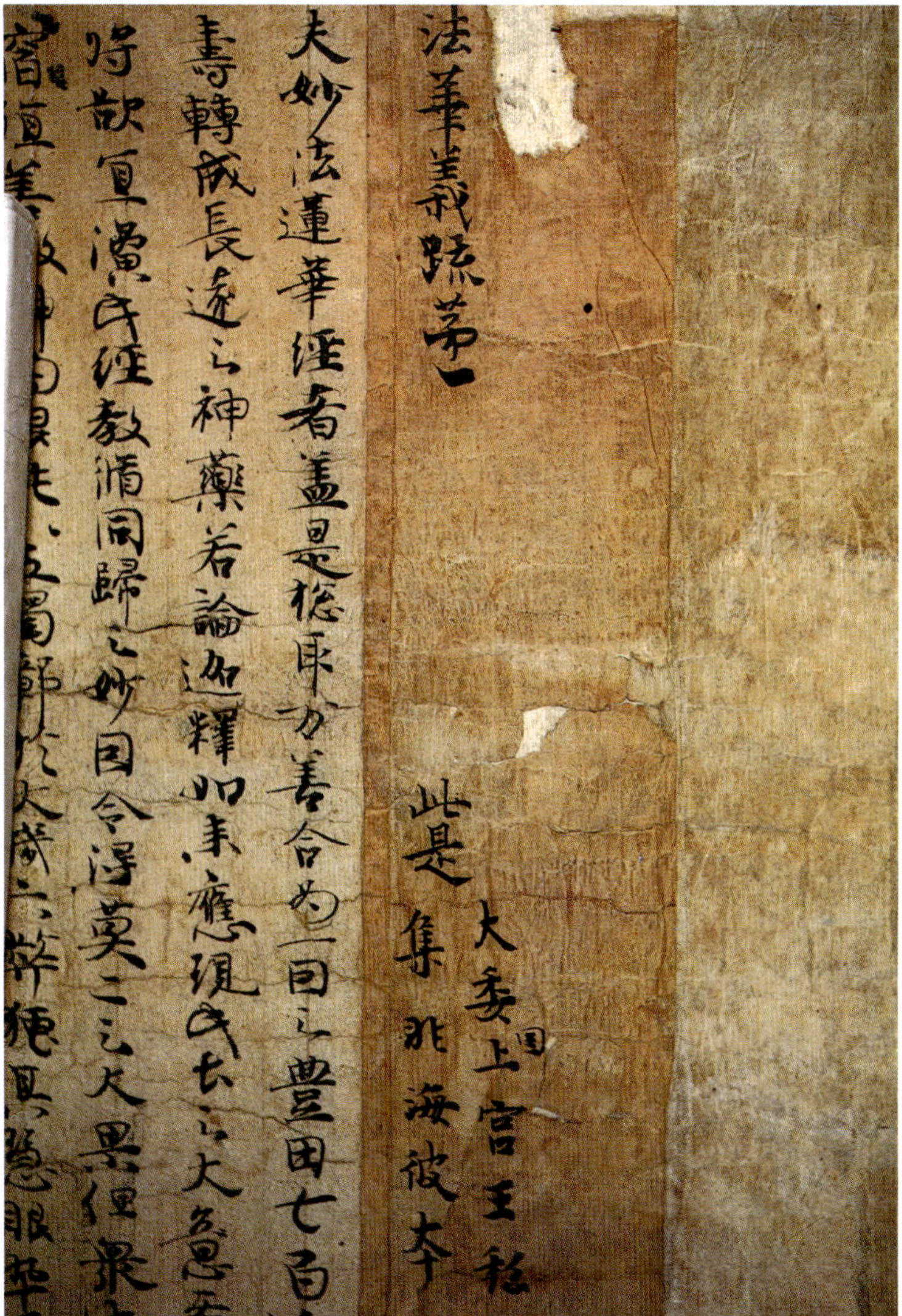

「法華疏」（いわゆる「法華義疏」）第一巻の冒頭部
（右端部および本文と表題部分とでは、紙質の異なっていることがよくわかる。）

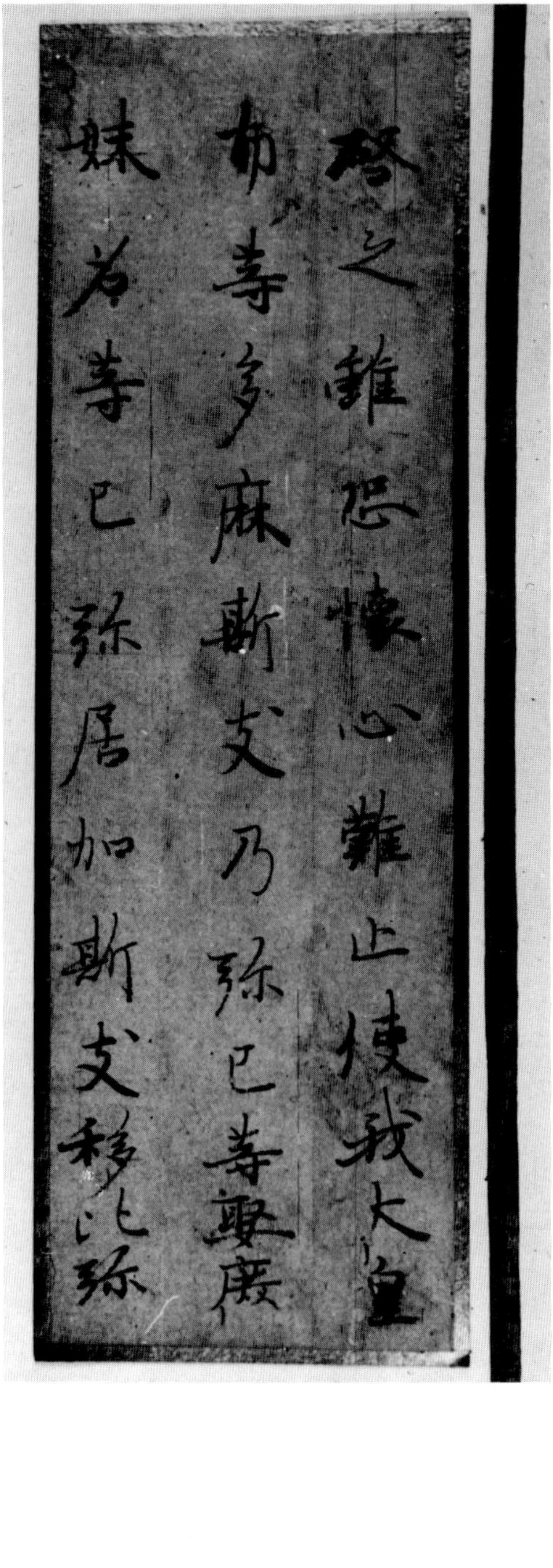

天寿国繡帳銘の古写本断簡
（「上宮聖徳法王帝説」の引用文とは別系統。酒井宇吉氏所蔵、林幹彌氏提供写真。）

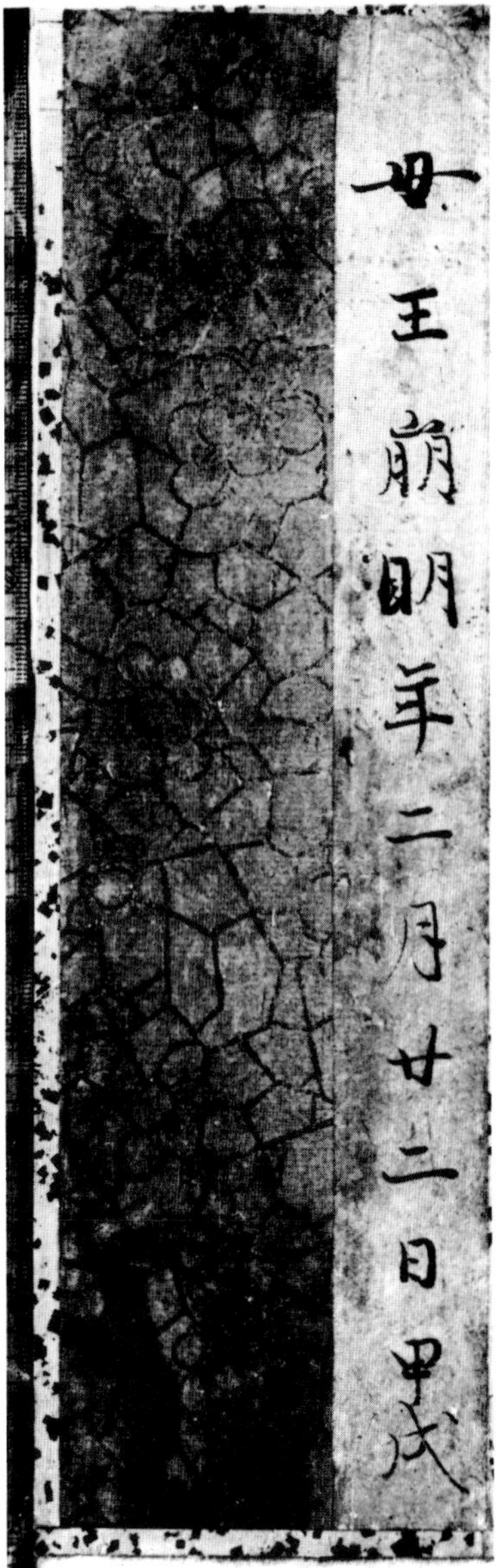
母王崩明年二月廿二日甲戌

「法華疏」第一巻右端部の右下箇所
（鋭利な刃物で切りとられている。）

同上左端部
（「法華疏」と表記されている。）

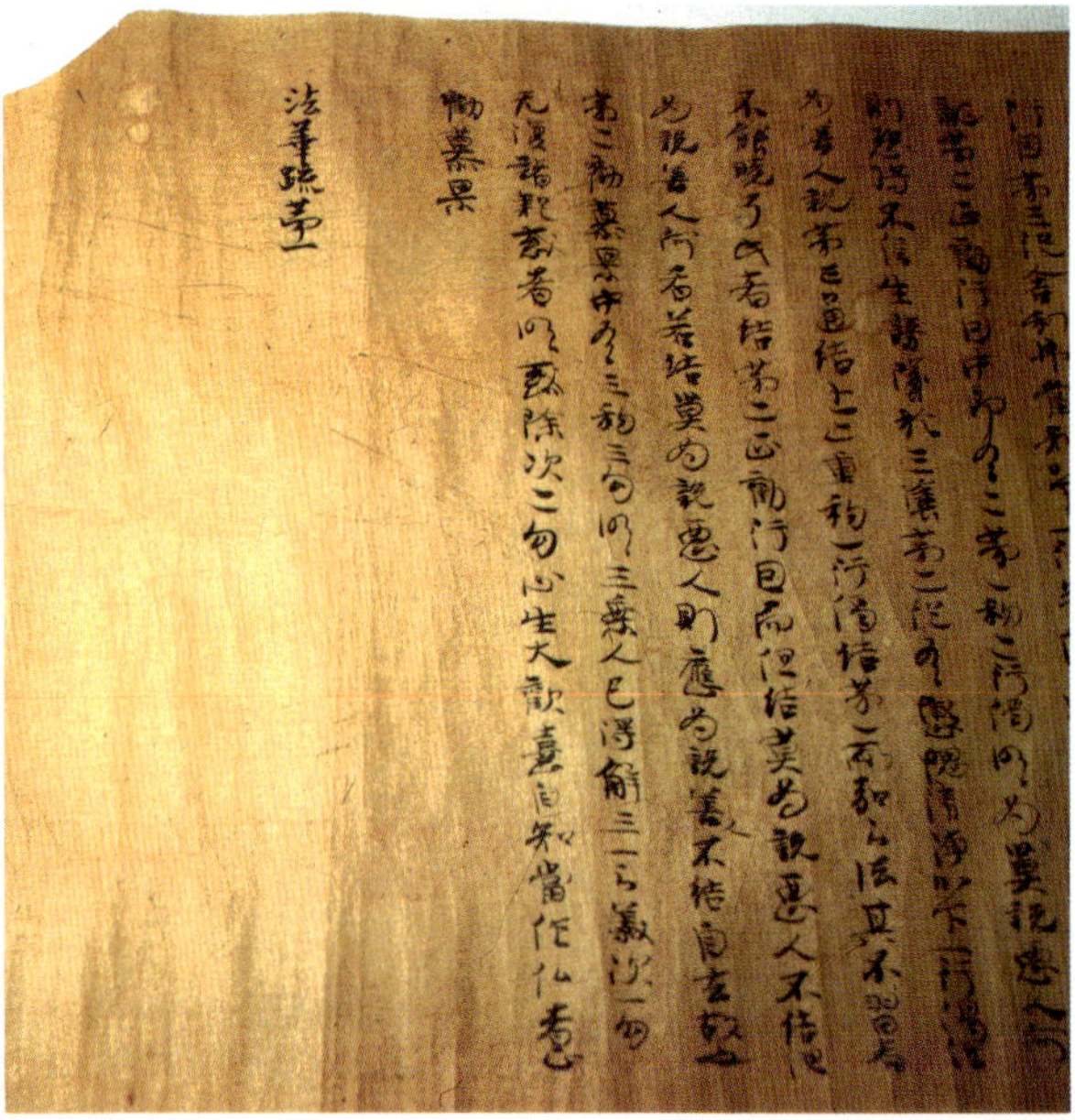

新装

法隆寺論争

家永三郎

古田武彦

新泉社

法隆寺論争●目　次

装幀・勝木雄二

法隆寺論争

一九九一年十月八日

1 「金堂釈迦像」「法華義疏」問題への応答を

家永三郎

先日はお見舞のお電話ありがとうございました。シンポジウム御成功で何よりでした。

いつかお目にかかったとき、次の二点につきお答えを願いましたが、今日にいたるまでお答えがありません。学界から黙殺されていると常にもらしておられるのですから、批判にたいしてはなるべく早く応答されるべきではないでしょうか。

第一問。法隆寺金堂釈迦像。焼失前の法隆寺に存在しなかったことを誰でも知っているはずなのに、聖徳太子とも法隆寺とも全く関係のない仏像を九州から運んできて、再建の金堂に太子のための仏像であるとして安置するのを、誰も怪しむことなく受けいれたとは、常識的にも到底考えられません。新泉社刊の『聖徳太子論争』では、それをまず書くべきでしたのに、あまりにも自明であったので書き落しました。ぜひ御説明をうかがいたいのです。

第二問。御物法華義疏は、刀削、はりこみ、行間書き加えなど著者の草稿としか考えられないのですが、それを写本とするのはどういう理由でしょうか。貴著にはその草稿本的実態について一言もふれておられないので、ぜひ御説明願いたい。

先は右、かねてから承りたいと思っていましたので、重ねておたずねする次第です。

一九九一年十月二十四日

2 「法華義疏」の著者は第三者

古田武彦

秋日さわやかなとき、お変りありませんか。

おかげさまで、八月一日〜八月六日の白樺湖シンポジウムは、予期もしなかった大成功を収めることができました。ただ参加者の数といった、「量」的な面だけでなく、「質」的に、このシンポ以前と後とをハッキリ分つような、文字通り画期的な意義をもつものとなりました(もちろん、このシンポに参加しなかった学者は、まだ知っていませんが、やがて、全体が三冊の本になります)。

けれども、その後仕末は大変で、まだ懸命にとりくんでいます。「主催者」の苦労を今回十二分に味わっています(収支決算等)。

宝物の本物とにせ物

仰せいただいた件、本当におそくなって申しわけありませんでした。眼前のことに夢中になっての毎日のことゝて、お許し下さい。

第一問。このような「考え方」をすれば、およそ神社・仏閣の宝物等に「にせ物」はなく、すべて「本物」となるのではないでしょうか。しかし、現実は、「本物」もあれば「にせ物」もあるのが、ありていの現実ではないでしょうか（真宗の親鸞・蓮如関係等の場合を例にとるまでもありますまい）。

早い話が、わたしは、かって西本願寺で、宝物館内の案内人が「親鸞様は、天皇さまのおぼえめでたく、かたじけなくも紫の衣をいただいた。それほど立派な方です」と一般の参観者に説明しているのを直接聞きました。確かに、「紫の衣」は展示されていましたが、この説明が是か非か、申すまでもないことでしょう。

また法隆寺の中で、やはり、寺側の解説者が、フランスの観光団に対して、「この法隆寺は、最初七世紀の前半に作られてから、そのまま現在に残っています。つまり、世界最古の木造建築物です」と説明していました（日本語で、通訳がいました）。わたしが、あとで（直後）、「それはちがうのではないか。七世紀の後半に焼けたでしょう」と解説者に問いただすと、「はあ。でも、わたしたちは、そうなっていますので」と、わたしの折角の注意に対して、一顧も与えてくれませんでした。

以上はいずれも、わたしが実地に経験したことですが、これも、「道理」上から言えば、あるべきはずのないものです。しかし、現実に、この二十世紀においてすら、当の寺のどまんなかで展開されている（いた）光景なのです。

こういうわたしの経験から見ると、貴見はやはり「たてまえ論」にすぎぬように思われます。もしかりに当時（七世紀後半〜八、九世紀）のインテリが、法隆寺の解説者に対し、「あの本尊は、新しくはこびこまれたものだから、聖徳太子のものではありえないのではないか」と抗議の声をはなったとしても（もし、それができたとして、ですが）、やはり、わたしの場合と同じく、冷然と「一顧もされなかった」のではないでしょうか。それどころか、

「お前は○○様（法隆寺の最高管理責任者）の権威（お言葉）を疑うのか」と、逆に、大変な嫌疑と責めを負うたのではないでしょうか。

小倉豊文氏の判断

同封のコピーは小倉豊文氏の冊子（「三経義疏上宮王撰に関する疑義」史学研究五二号、一九五三）からのもので、もちろん御存知のところと存じますが、そこでは、三経義疏類と共に、「鉄鉢」「古様錫杖」「合経漆」「覆緋衾」「合獣」「漆涅」などが、いずれも「上宮聖徳法皇御持物」とされています。これらはもちろん、天智九年の火災前からここ（法隆寺）にあったものではないと思われますから、天平の行信（責任者）が他から「本物」（聖徳太子のもの）としてはこび入れたものでしょう（この点、小倉氏の判断は道理あり、と思います）。

これらの什物すべて「本物」と主張されるのでしょうか。御文の主旨のように、「本物でなければ、『右、上宮聖徳法皇御持物者』などと書けるはずがない」と主張されるのでしょうか。それは「まるきりの性善説」ではあっても、この種の論法が許されれば、同一の論法で、「一切の神社・寺院に『にせ物』なし」の帰結が得られましょう。しかし、わたしには、そのような帰結を信ずることができません。あくまで、それらの「所伝物」の中には、「本物」あり、「にせ物」あり、であり、ひとつひとつ克明な実証によるほかはない——これがわたしの立場です。

「日本最古の自筆原本」

第二問について。これは、何かの〝御誤断〟と存じます。なぜなら、わたしは「御物法華義疏」が「著者の草稿」であって、決して「また写し本」などでないこと、自明と考えています。この点は、花山信勝さんなどによって、十分に実証されていると存じます。ただ、その「著者」が聖徳太子ではありえず、他の第三者（X）であると考えているだけなのです。

この点、たとえば、わたしの『古代は沈黙せず』（駸々堂刊）の第二篇「『法華義疏』の史料批判――その史料科学的研究」の冒頭の〈解題〉でも（これも、古田筆）、

日本の古代史世界において、最古の自筆原本がある。「法華義疏」と呼ばれる。

とあり、これが、わたしの立場です。

わたしが疑問をいだいたのは、次の点です。

「聖徳太子の真筆稿本であり、法隆寺に伝来せられたもの」

右の一句です。それが「　」によって明白に特定されています。最古の自筆原本という言葉には、何の疑問も、もっていません。

この点、本文をお読みいただいても明白です。わたしは右の――の大前提で検査し、実証しているのです。

（「再装本」というのは装訂の問題であり、右の――とは全く矛盾しません）

以上です。この点の御質問が、何等かの御錯覚にもとづくものであったこと、わたしには、遺憾ながら、疑いないことのように思われます。

（「古写本」という言葉は、「古文書」と同意で使うことも、時にありますが、この御物については、右のように「最古の自筆原本」と、わたしは信じています。ですから、右のように特記しました。）

右、答えさせていただきました。くれぐれも、貴、御健勝のこと、お祈り申し上げます。

〈追伸〉

つまらぬ対話（「青年との対話――津軽抄」『津軽が切りひらく古代』〈新泉社刊、一九九一・八・一〉抜刷）、御笑覧まで――。

〈第二信〉　一九九一年十月二十五日夕

白村江の戦への疑問

今回、率直な御質疑をお寄せいただき、心から感謝しています。お返事おくれたこと、本当に申しわけありません。とくに論文などでは、かえって〝聞きにくい〟ような、簡単なこと、質疑できるのも、「私信」形式の特長と存じます。

そこで、一つ、わたしも、お聞きしたいことがあります。それは、白村江の戦の件です。近畿天皇家側の「重臣」や「天皇」や「皇子」たちの中で、誰一人この戦で戦死したり、捕虜になった人がいません。これはなぜでしょうか。もし、この一大決戦（四戦全敗）が、従来の歴史学の立場のように、近畿天皇家を中心とする「倭国」だったとしたら、これは考えられぬ事態ではないでしょうか。

（わたしの立場〈九州王朝中心の「倭国」〉なら、筑紫君薩夜麻が唐の捕虜になっていたのですから、この点、十分すぎる「被害」です。「実害」です。しかし、「近畿中心主義」の理解の場合、何とも不可解千万です。）

この点、御教示いただければ幸です。よろしく、よろしく御教導下さいますよう、お願いいたします。

御返報おくれたこと、重ねておわびいたします。

〈資料〉小倉豊文「三経義疏上宮王撰に関する疑義」（抜粋）

次に天平宝字五年の東院縁起資財帳（以下単に東院資財帳と呼ぶ）には「合経疏捌巻」の内訳として次の如き記載がある。

法華経疏肆巻　正本者　扶一枚着牙　律師法師行信覓求奉納者
維摩経疏参巻　正本者　袟一枚着牙
勝鬘経疏壱巻　袟一枚着牙
　右、上宮聖徳法王御製者
この文書は現在の法隆寺東院すなわち上宮王院の資財帳であって、天平宝字五年十月一日の牒上に成るもの、巻首を闕いているが明かに前掲法隆寺資財帳とは内容が全く重複していない。天平十九年には東院も略々完成していた筈であるが記載は全くそれに及んでおらず、この資財帳では前掲資財帳に上坐として署名している隣信なる僧が寺主として署名しており、法隆寺僧の寄進物も少くないが、法的には東西両院は全く別箇の存在であったと考えられるのである。
さて、この東院にも「上宮聖徳法王御製者」なる三経義疏の存在していた事が確かであるが、更に注意すべきは法華・維摩の二疏に「正本者」なる註があり、法華疏には「法師行信覓求奉納者」なる註の存する事である。而も注意すべき註文をもつものは独りこれ等のみには留らない。
鉄鉢壱口後錣
　右、上宮聖徳法王御持物矣。天平九歳次丁丑二月廿日、律師法師行信推覓奉納賜者
古様錫杖壱杖
　右、上宮聖徳法王御持物矣。大僧都行信推覓奉納
合経漆佰拾玖巻
　右、上宮聖徳法皇御持物矣。天平九歳次丁丑二月廿日、藤氏皇后宮推覓奉請坐者

覆緋衾壱条（中略）

右、上宮聖徳法皇御持物者

合獣弐枚

壱枚漆渥（中略）

右、上宮聖徳法皇御持物者

合獣（獣一作麈）尾弐枚

壱枚漆渥（中略）

右、上宮聖徳法皇御持物者

右の外「右為敬重坐上宮聖徳法王御持物法華経、天平九歳次丁丑二月廿日、藤原氏皇后宮奉納賜者」なる註をもつ「樻鉤納草箱壱合」なるものもあり、現在の夢殿本尊に当ると思われる「観世音菩薩木像壱軀金薄押」には「上宮王等身」と冠せられている。前述の如くこの資財帳は首闕であるから、首尾完全なれば更に多くの同様の註記をもつ資財の羅列が見られたであろう。行信奉納の由を註する物は右の外にも多数発見されるが、かかる註記が無くても東院の資財の多くは、彼の力によって集められたものであろうと思う。

この行信は前掲法隆寺資財帳に僧綱の最高責任者として押署している僧と同一人であることは明かであるが、天平時代に生存していた行信なる僧に就ては古来問題が多い（師蛮「本朝高僧伝」、法隆寺大鏡「解説」、日下無倫氏「行信僧都の事蹟について」、佐伯良謙氏「法隆寺行信僧都に就て」等）。併しこの資財帳に現れた行信が、初め元興寺に居り、後に法隆寺に住して天平十年律師に任ぜられ、この前後より斑鳩宮址の荒廃を嘆いて東院伽藍の建立と諸法会の確立、各種資財の集中等に努め、晩くも天平二十年以前には大僧都に任じて僧綱の所務を主宰し、現在「行信経」等と称せられる法隆寺大蔵経の書写を発願したが業を全うせずして天平勝宝二年頃死んだらしい僧である事は信じられるであろう。彼の性格は明かにする由もないが、奈良時代肖像彫刻の逸品として夢殿にある乾漆像は、恰も寿像の如く生彩奕々たるものあり、精悍にして意慾的な相貌と魁偉にして精力的な体軀は、よく彼の面目を発揮していると思われ、法隆寺大鏡解説が「此像に対して其人を想見せば、誰も有徳の高僧と仰がんよりは寧ろ英俊敢為の傑僧とするに躊躇せざるべく、其の由来する閲歴の臧否、弁ぜずして自ら思浮ぶものあらん」と言っているのは、正に至言であると考えられる。

彼が大僧都として僧綱を主宰していた時、その佐官として法隆寺僧臨照を任用していた事は前にも触れたが、前述の如き資財帳の性格と法隆寺の歴史事情の上にかてて加えてかかる人物の存在を考える時、法隆寺特に東院関係の記録を、額面通りに信用する事の如何に危険であるかは、誰にも感ぜられることであろう。法隆寺資財帳にもなかった「上宮聖徳法王御持物」の多種多量の出現、「上宮王等身」と銘打たれた菩薩像の奉安、これ等の由来を正銘な史実として果して肯定し得られるであろうか。祖師開山の「御持物」とか「等身像」とかいう宝物什器の由緒書が、現在でも到る処の寺院に存し、それ等の大部分が如何なる物であるかは改めて言う迄もないであろう。殊に大量の経巻と自筆の経疏、鉄鉢・錫杖・麈尾等と道具立が揃うと、上宮王は全く完全な高僧に仕立てあげられてしまうではないか。

3　太子の没年月日、「書写本」によせて

家永三郎

おいそがしいなかを御回答ありがとうございました。

第一問については、外延内包を異にする一般論によって特定の仏像に適用されていますので、一種のファラシーとしか思われません。日本書紀の聖徳太子推古二十九年二月五日死去の記事が百年前のことゆえ誤り記されるはずがないという御立場と比べるとき、明らかにダブルスタンダードが用いられています。

第二問。貴著『古代は沈黙せず』一二四ページに「(十二)さらに『非海彼本』とあって、『非海彼書』等とない点から見れば、これは〃海の向うの著作ではない〃の意ではなく、〃海の向うの人の書写ではなく、日本列島の人による書写本である〃の意ではあるまいか。吉蔵の名著を、倭国から渡った僧侶などが〃書写した本〃、すなわち『書写本』を意味する一句だったのではあるまいか。それを、多利思北孤が、自家の書架に収蔵したのである」とあるところについて疑問を発したのですが、これは私の読み違いでしょうか？

白村江の戦についての御発問、古代史から離れている私にお答えする資格があるかどうか疑問ですが、常識的に考えて、「重臣」や「天皇」や「皇子」たちの中で誰一人戦死したり捕虜になった人がいないのは、彼らが第

一線に出なかった、ということで十分説明がつくように思います。太平洋戦争の大敗北にもかかわらず、天皇も「重臣」も戦死しておりません。

一九九一年十一月八日　博多に向う車中にて

4　顕微鏡写真で紙質・筆跡を検証

古田武彦

秋も十一月、いかがおすごしですか。

十月二十五日の愚便に対し、早速、十一月一日の玉便を賜わり、うれしくうれしくかつ有難く存じています。

わたしの立場

第一問についての玉文。わたしの立場は、

聖徳太子の死亡年月日——日本書紀の著者群

A　推古二十九年二月五日　B　並びに読者群（初期の読者群）

（七世紀前半）　（八世紀初頭）

の間に、錯認（ミス）が生じ、そのまま誰にも気づかれない、という状態はありえない（もしくは、きわめてありにくい）。

というにあります。
これを換骨奪胎して、

> A′百年前におこったこと　　B′百年あとの人々の認識
> 右の間に錯認（ミス）がおこり、そのまま誰にも気づかれない、ということはありえない（もしくはきわめてありにくい）。

という形に変えて論じておられるのではないでしょうか。
わたしの場合、
Aの「聖徳太子」を他の「誰々」に変えたり、「生年月日」を他の「もの」に自由に変えていい、とは思いません。
また、Bの日本書紀という「公的な正史」かつ「一般に公示し、(学生に)学習させた本」の「著者群と近畿周辺のインテリ及びその他の人々」という点を、他の〃別種の人々〃に自由に代えていい、というものではありません。
つまり、
Aは特殊、特定のケース。A′は一般化したもの。
Bも　　〃　　B′も　〃
です。わたしがあくまで「特定のケース」について論定しようとしているのに、これを「一般化」(外延と内包を異にする）した上で、他のケース（「仏像」）に当てゝ変えて、論じておられるのが、玉文のように存じます。

ところが、寺や神社の「本尊」や「神宝」なるものが、しばしば他（の寺や神社その他）から、ある段階でもってこられたもののあること、経験した多くの例で知っていますので、それを申し上げました。

玉文は「生年月日」問題を、「仏像」という、「外延と内包の異るもの」に転じて論ぜられているものであり、わたしの方が、むしろ同類（本尊・神宝等）の事例をあげているのです。

（坂東本のケースなど、学者やインテリは、その「東本願寺への到来」の裏の経緯を知っていますが、一般の信者は、「さすが本願寺様、親鸞聖人御直筆の本典をおもちだ」と思っているのが、大部分ではないでしょうか。また西本願寺では、親鸞とは全く別筆の西本願寺（「本典」）本が、ながらく「聖人御直筆」とされてきました。）

以上、わたしには、失礼ながら、玉文の趣旨（一般論によって特定を論ずる）は、玉説にこそ妥当する、と思われます。

また、この問題で肝要の一点があります。それは、

〈その一〉　本尊の仏像（釈迦三尊）を、「聖徳太子にかかわるもの」と主張することは、法隆寺（の当局者）にとって、大きなメリットがあること（だからこそ、右の「本典」の場合も、親鸞聖人直筆と主張してきた——西本願寺）。

〈その二〉　これに対し、日本書紀が聖徳太子の生年月日を全くウソの「推古二十九年二月五日」にすることには、何の「メリット」もない、という一点です。

（高麗の死んだ師〈慧慈〉の命日とあわせるためなら、そちらの方を書き変えるべきでしょう。八世紀の近畿で高麗の師〈慧慈〉の命日が周知だった証拠はどこにもありません。）

冒頭二行文と本文は全く異質

第二問について、玉文に御引用いただいた『古代は沈黙せず』一二四ページの（十二）の件、この愚説が直前の（十一）を承けての一文であること、お見のがしなのでしょうか。当論文の眼睛の一点は、「冒頭の二行文」、

> 法華義疏第一　此是　大委国上宮王私集非海彼本

の紙質・筆跡が本文（この文面からみて語尾まで全部）と全く異質であることの判明したこと、その一点を顕微鏡写真、一般写真によって検証したことです。

そのように、本文とは、全く異質の紙片を冒頭に貼りつけて、現在の「全巻」が〝作り上げられて〟いる——そのことが肝心の証明の一です。

ですから、この事実（立証）を無視して、

〝この「冒頭二行文」では〝書写本〟と古田は解しているが、「本文」は「直筆草稿本」の形をしめしているではないか〟

との問いかけは、全くわたしにとっては、無意味なのです（失礼、すみません）。

もちろん、

「いや、古田の検証はあやまりだ。『冒頭二行文』と『本文』の紙質や筆跡（ことに「法華義疏第一」と「本文全体」）は同一である」

う)。

と言われて（反証される）のなら、それは大変に有意味です。わたしとしては、そのような「反証」を日夜待ちのぞんでいるのです（そこからさまざまの新成果が生れるでしょう）。

非聖徳太子の草稿自筆本

また前便（一九九一年十月八日）に、

「貴著にはその草稿本的実態について一言もふれておられない」

とありますが、右掲著五七ページの二行〜六行にその旨がのべてあります。この点、わたしは花山信勝氏と同意見、とハッキリのべています。しかもその一事が逆に、「非聖徳太子」の草稿自筆本であることの証拠となる、と力説しているのです。

玉文の「一言もふれておられない」とは、失礼ながら明白な御誤断ではないでしょうか。

白村江の戦争責任

白村江の件、玉文は、わたしには、全く合点がいきません。

わたしが「近畿天皇家側の『重臣』や『天皇』や『皇子』たちの中で、誰一人この戦で戦死したり、捕虜になった人がいません。これはなぜでしょうか」と質問させていただいたのに対して、

「彼等が第一線に出なかった、ということで十分説明がつくように思います。太平洋戦争の大敗北にもかかわらず、天皇も『重臣』も戦死しておりません」

とのお答えですが、わたしが問うたのは、〝戦争の責任者たちが、直接に肉体的に責任をとらされた〟ケースのことです。それを七世紀のケース（白村江）では「戦死」「捕虜」と表現したわけです。

太平洋戦争では「服毒」や「戦争裁判」で〝自殺・他殺（処刑）・収獄〟させられたこと、昨日の事実ではありませんか。それを「戦死しておりません」をもって答とされるのは、「純」国語的解釈ではあっても、当方の文章の趣意を真正面から、とらえた御回答とは、到底思えません。

失礼ながら、直言させていただきました。おゆるし下さい。

〈追伸一〉

今回の玉文、最初、一回、二回、三回と読みかえしてみても、どうにも、意旨不明でした。そこで、当方の論文（「法華義疏の史料批判」等）をくりかえし読み直し、改めて、玉文にむかい、この御返便したためました。

なお、当方の誤解ありましたら、何なりと、直ちに厳しく御叱正お願いいたします。

今回、愚稿を読み返して、改めて思いましたこと、次のようです。

第一、愚稿は御物の「法華義疏」に対する顕微鏡写真による研究というはじめてのものですが、これに対して、一切わたしの目や耳に「反論」や「批判」の（あるいは評価の）声が学界の論文に現われないこと、これは全く不可解な現象です。

（一九八八年六月に出版され、版を重ねましたが、現在一九九一年十一月まで、いまだ「学界の反応」を見ません。なぜでしょうか。）（三年半たちました。）

第二、その点、貴、玉便をもって無二の反応とし、心の底から御礼申し上げます。

〈追伸二〉

今、博多に向っておりますのは、九州大学の物理学科が世話役となって行われる国際理論物理学会の（今回は）日本での開催のさい、十一月十日（日）の午前、核物理学の研究者の集会で、「学問の方法について」という講演（三時間・質疑とも）を行うよう求められてまいるものです。

理論物理学の学者の中に、わたしの学問への関心の高いことは、時あって聞いていましたが、今回のお招きには、いささか緊張しています。日本歴史学界の「無反応」とは対照的です（変な気がします）。

一九九一年十一月十四日

5　日本書紀の記事は疑ってかかるのが安全

家永三郎

再度にわたる御回答ありがたく拝誦いたしました。なお納得できませんので、あえてくり返し筆を執りました。

文字解釈への疑問

まず第二問のほうから申しますと、『古代は沈黙せず』五七ページの二行〜三行を私は見落していました。その点は率直におわびいたします。それならば貴説への疑問が氷解するかといえば、そうではありません。というのは、写本でない、執筆者自身の草稿本であることが一見明白な「法華疏」を冒頭の巻頭二行文の「変形」作為者は、何故「書写本」を意味する「非海彼本」の文字をつらねて平気でいられたのでしょうか。「本」が貴説の如く「書写本」の意であるとするならば（その前提についても私は疑問を有しますが、今は姑らく貴説を前提として筆を進めます）、それは本文の実態と明白に矛盾し、誰が見てもこの作為の虚偽が明白になるではありませんか。そのようなことを承知の上で作為したと考えるのは不合理ではないでしょうか。

私は、貴説によれば正しい名称「法華疏」の著者についての貴説に多くの疑問を有し、特に貴著第二篇第一章の論証に承伏できないのですが、それは措き、右の「本」の文字解釈をめぐる疑問のみを改めて提出するにとどめます。

金堂中尊は他の宝物と異なる

次に第一問にもどります。第一問で私が提出した疑問に対するお答えには全く同意することができません。

㈠ 神社仏閣の宝物類にニセ物の多いことはおっしゃるとおりです。しかし、「鉄鉢」「古様錫杖」「経」「覆緋袈」「獣（皮カ）」「塵尾」「漆涎」の類と金堂中尊とでは、その性質が全く異なります。右の類を後人が聖徳太子の持物と称して寺に持ち込む可能性は十分に考えられますが、金堂の中尊としてあれだけの大きさの仏像をはるばる九州から運んできて、新しく落成した金堂にすえるとき、それを人目を忍んでおこなうことは不可能ではありませんか。再建された法隆寺の中尊がどのような像容のものか、斑鳩の人々は注目しないではいられなかったにちがいありません。

再建金堂で落慶供養がおこなわれたかどうかはわかりませんが、落慶供養がおこなわれたとすれば、なおさら、おこなわれなかったとしても、斑鳩の人々は金堂の竣功とそこにすえられる中尊を見守っていたでありましょう。九州からどのようにして運んできたか、私には想像がつきませんけれど、たとい多くを舟便に頼ったとしても、最後は陸路を車にでも載せて運ぶほかないでしょう。人目につかないように運びこむことなどできるわけはありません。その点で、前記のような「宝物」類を太子の持物と偽わるのとは、根本的に条件が違います。西本願寺の「教行信証」を親鸞自筆と偽わるのも容易であって、法隆寺金堂の中尊と類を同じくするものではありません。

私は、聖徳太子と縁もゆかりもない仏像および縁もゆかりもない内容の光背銘とを白昼堂々と落慶直後の法隆寺金堂に搬入したと考えることは、明白に経験法則に反すると思います。貴兄の列挙された類推の材料はすべて法隆寺金堂中尊について考える類推史料とはなりません。その大きさや性質が全然異なるものですから。

ダブルスタンダードの適用

(十) 『古代は輝いていたⅢ』で貴兄は、推古二十九年二月癸巳の太子死去の記事を正しいとし、天寿国繡帳銘や法隆寺金堂中尊銘の示す推古三十年二月二十二日説を排斥し、「この没年の時期は『日本書紀』成立の養老四年(七二〇)から、わずか百年前だ。その百年の間に、聖徳太子の正しい没年月日が全く失われてしまったのであろうか」「大和を中心とする貴族や学者たちのすべてが、この高名な太子の正しい没年月日を忘れ去っていたであろうか」と主張されました(朝日文庫版二四一ページ)。この判断基準を以てすれば、日本書紀よりもさらに遡った時期に竣功した法隆寺金堂に、およそ太子と何の関係もない事実を書きつらねた光背銘をもつ仏像がすえられて誰も怪しむものがなかった、というのはおかしいではありませんか。私が前便で貴兄がダブルスタンダードを使用している、と批判したのは、そのような理由によるものです。

いまひとつ、前引貴著二一一ページには、「『日本書紀』の推古紀の前後において、十年以上(おそらく十二年)の編年のずれがある」と主張されています。「わずかに百年前」の推古朝の重要史実に十二年のずれがあることを主張されながら、他方で聖徳太子死去の年月のみが正しいとされるのも、これまたダブルスタンダードの適用なしには理解できません。

そもそも私は、天武紀二巻・持統紀一巻を除く、日本書紀の記事は疑ってかかるのが安全、という立場をとっているのです。ひとり聖徳太子死去の年月日のみの問題にとどまりません。講経の記事も、慧慈が「期日に当りて死」という記事も、もちろん片岡山の飢者の記事も、すべて架空の説話と考えております。聖徳太子死去を二十九年二月五日とした理由は私にはわかりませんが、それはおそらく推古紀の紀年の立て方に問題があるのであろうと考えています。なお、くどいようですが、くり返して次のように申します。

天智九年紀の法隆寺罹災記事の「一屋無余」は、どこまでも「一屋ものこさず」にとどまり、「一物無余」と記されていない以上、堂内の仏像仏具類までがのこらず焼失したとするのは独断にすぎないと信じます。

「戦死」の解釈に驚く

さて、白村江の件ですが、貴兄が「戦死」に「服毒自殺」や戦犯処刑まで含めておられるのには、驚きました。しかし、そのような広義に「戦死」を解するとしても、大和朝廷の君主や重臣に死者の出なかったのは少しも不思議ではありません。十五年戦争では、連合軍が日本を占領したからこそ、第一線に出なかった近衛文麿が服毒自殺し、東条英機らが処刑されたのです。白村江の戦では、敗北はしましたが、敵軍が追撃して日本列島に上陸したわけではありませんから、大和朝廷の君主や重臣が死ななければならなかった必然性はないと思います。重ねてお答えいたしました。

この私信論争は公開されても異議ありません。

一九九一年十二月七日夜

6　書紀の大義名分関係をすりかえた表記法

古田武彦

年もおしつまり、いかがおすごしですか。先日は玉便（一九九一年十一月十四日）を賜わり、有難く存じました。早く御返便いたしたし、と、玉便を〝持ち歩いて〟いたのですが（関西などの旅行中）、遂にその機をえず、今日（十二月六日）やっと筆をとることができました。お許し下さい。

『古代は沈黙せず』の立場

先ず、「法華疏」の件。貴文の趣意、いささか不分明の点があります。先ず、『古代は沈黙せず』における、わたしの立場を書きます。

Ⓐ　冒頭二行文の筆者は「上宮王」（多利思北孤か。九州の王者）。その自筆である。

Ⓑ　右の二行文の上の「法華義疏第一」は、本文（「法華疏」）を指すものではない。

Ⓒ　この用紙（右のⒶⒷをふくむ）は、前後（はじめの空白部と本文すべて）とは、全く別の紙である。従って、①「はじめの空白部」、②「二行文の紙」、③「本文」が本来別々だったものの貼り合せであることは、基本の

事実として確認する必要あり（①と③は、同じ紙。電子顕微鏡検査による）。

Ⓓ　本文は、明らかに草稿本の姿をしめしている（作者不明。本来の奥書が切り取られた、という可能性大）。

偽作者の切り取り貼り合せ

以上ですから、もし貴文中の「冒頭の巻頭二行文の『変形』作為者」という言葉が、右の後代（おそらく法隆寺内の人物による）の「貼り合せ」をなした人物を指しておられるなら、彼がなしたことは「貼り合せ」という合成作業のみであって、自分が「書いた」形跡はないのですから、この部分が〃他の部分は同じで「——海彼書。」となった文書が眼前に、あるいは彼（偽作者）の手に入っていたことでなければ（そう都合よく、いろいろ「偽作」材料が手に入っているはずはありませんから）止むをえないのではないでしょうか。それで十分「役に立った」ことは、従来（わたし以外）のすべての論者が、この「本」を「本文のような草稿本」を指すもの、と解して疑わなかったことによって示されているではありませんか。

しかし、「本」は紹熙本。紹興本という言い方のしめすごとく「自筆草稿本」にしか使えぬものではありません（自筆本・書写本という表現のしめすように、いずれにも用いうる〃広さ〃をもっているのではないでしょうか）。

この点、わたしが、『本』という字は、自筆草稿本には用いえず」と主張しているように、誤解されているのではありませんか。

あるいは、貴文の主張が「冒頭の巻頭二行文の『変形』作為者」をもって「二行文の筆者＝偽作者」のように万一、解しておられるとしたら、それは、全く百パーセントの誤解です。右の①②③とも、それぞれいずれも真正の古文書（①③と②の二種類）であり、それらを「切り取り」「貼り合せ」「合成」して現形のように仕立てたのが、偽作者、否、正確に言えば、偽造者です。

（第一巻右端下部の「切り取り」――『古代は沈黙せず』巻頭カラー写真――は、「偽造」に関連する可能性大、と存じます。この点、是非各学者に注目し、発言してほしいものです。――家永さんにも。今回の電子顕微鏡・顕微鏡検査による「新発見」の急所ですから。）

諸寺歴訪の「経験法則」

㈠　この点について、わたしの目からすれば、貴見には根本的な誤認があります。それは「古田の意見はかくかくである」という内容が、全くわたしのあずかり知らぬものと〝すりかえられている〟からです。このような誤認に立って論争することは、一番のロスとなりましょう。つまり貴見では「古田は、別人物に関する仏像を聖徳太子の関係物〈仏像〉と称しつつ、搬入したと主張している」とお考えのようだからです。わたしには一回として、そんな馬鹿げた状況を考えたことはありませんでした。状況の推移は次のように考えてきました。

①　法隆寺再建のとき、「尊き釈迦三尊」が運びこまれた（別に「聖徳太子との関係あり」としてではなく）。

②　何年か、何十年かたったあとで、「聖徳太子との関係」へのこじつけがはじめられた（法隆寺内部で）。

右のように考えています。この点、教行信証西本願寺本の場合も同じです。

①′　当初は門弟の書写本と考えられていた。その旨をしめす奥書もあった（親鸞の筆跡も彼の手紙をもらった門弟や身内等によく知られていた）。

②′　何年か何十年かたって、奥書の後筆が切り取られ、「親鸞御真筆」と称されはじめた（現在は宮崎圓遵氏が切断の事実を〝裏書き〟された）。

なお、この場合、「明白に経験法則に反します」と言っておられますが、〝お寺の本尊は、必ずその寺の創設者に関する（直接、創設者を指示する）ものでなければならぬ〃ということが、わたしたちにとって「経験法則」でしょうか。わたしの知聞するところ、そうでないものも、かなり多いと思います。むしろ「釈迦」自身が「仏教の創設者」にして「信仰対象」とされているのではないでしょうか（釈迦以外の仏像で、直接その寺の創設者とかかわりのない《知られていない》本尊もまた、寺には多いと思います）。もし、右のようなルール（右の〝お寺の……ならぬ〃）が実在すれば、わたしたちの研究には、大変「便利」かつ「有益」でしょうけれど。残念ながら、そうはきまっていない。――これがわたしにとって諸寺歴訪の「経験法則」です。

方法上の誤謬

(一)　この点、貴意にくりかえし現われている「方法上の誤謬」と、わたしに見えているものです。なぜなら、わたしが「百年前の超著名人の命日（生年月日）は記憶されているはず」と主張しているのに対し、「百年前のことはすべて正しく伝えられているはず」といった主張に焼き直しておいて、それに対し「ダブルスタンダード」などといって攻撃しておられるからです。

もし、わたしの主張が貴理解のようだったとしたら、たとえば〝推古紀の記述は全部正しい〃とわたしが主張していることになるではありませんか。とんでもありません。わたしは推古紀（推古十一年十二月）の冠位十二階制定の話など、大いにあやしいと思っています。隋書俀《たい》国伝の同種の記事との対比問題や最高位の「大徳」に当る特記（経歴の明確な）人物のいないこと、蘇我蝦夷・入鹿等も、これになっていないことなどによってです。日本書紀は当然ながら「先在の九州王朝を認めない」立場で書かれていますから、「すべての制度は近畿天皇家から」の立場をとっています。これは、そのため生じた矛盾と、わたしの目には見えています。

「それなら、太子の生年月日など、ちがっていても当然」と言われたのでしょうか。ちがいます。なぜなら、これには「動機」がないからです。「証拠」ももちろんありません。この点、貴文に、「聖徳太子死去を二十九年二月五日とした理由は私にはわかりませんが」とあるのは、きわめて興味深い一文です。なぜなら、貴見（これを誤謬とする）ですら、その『動機』が発見できないでいることが明白化されているからです。

ある犯罪に対し、検事が「彼は犯人にちがいない。ただし、確証もなく、動機もわからないが」と言ったら、貴見では、これを承認なさるでしょうか。それでは、無実に泣く人がたくさん出ましょう。それに、「確証」なるものも、その検事さん（側）にだけ通用する証拠だとしたら、恐ろしいことです。

また貴文の「①この判断基準を以てすれば、②日本書紀よりもさらに遡った時期に竣功した法隆寺金堂に、③およそ太子と何の関係もない事実を書きつらねた光背銘をもつ仏像がすえられて誰も怪しむものがなかった、というのはおかしいではありませんか。」について。

右の①は、先にのべた「方法上の誤謬」(fallacy—misleading argument)をふくむ用法です。日本語で明確に言えば（失礼、御免下さい）、「すりかえ」と「論点拡大」の方法です。なぜなら、「没年月日」の変更など、「動機」がない（見当らない）のに、これに対し「法隆寺の本尊」を〝聖徳太子ゆかり（直接、指示）のものと称する〟のは、明白に〝「法隆寺伝説」成立上の動機〟をもつからです。この両者を〝ごっちゃ〟にするのは無茶です。

次に、右の②については、何を根拠にされたのか知りませんが、わたしはこれに対しては、イエスもノーも言いません。

次に、右の③は、先にのべたように、貴意がわたしの主張を丸っ切り誤認された上に立てられた判断ですから、わたしにとっては、無意味です。

なお、この問題を考える上で、「参考」となる事実があります。それは、この法隆寺釈迦三尊の光背銘は、周囲（四角）に、がくぶちのようなもの（おそらく金属）がとりつけられていたとおぼしき痕跡（四角に銘文のまわりが黒ずみ傷んでいる）がありました（先日の明りの中の初公開のとき《金堂外の聖徳記念館で公開》）。

つまり、かっては、うしろから、この光背銘の文章が明示し展示されていた、痕跡があるのです。ところが、従来は暗い光の中にあり、かつ背後からは、小さな窓（わく）ごしにしか見ることができなかったため、気がつかれずにきました。報告もされていないと思います。

このかっての本来の姿がいつのことかわかりませんが、従来の法隆寺がこの背面の姿（きずもたくさんあります）を一般に見せずに来たことは確かです。精細に検査させてくれれば、なお有難いのですが（当日、写真撮影は一切不許可。わたしは望遠鏡で長時間観察し、これを「写し取り」ました）。

一屋無余の解釈

「一屋無余」の件。「――と信じます」と結ばれ、解釈の問題を信念や信仰の文体で書かれています。ことに新しい反論や理由もなしに。これでは、当方も、「どうぞ御随意に」という他ありませんが、まさにこの貴文中にも、明白な「すりかえ」と「論点拡大」の手法（fallacy）が用いられています。なぜなら、わたしの主張は「肝心の本尊が救出された場合、『一屋無余』だけの表現では不適切である」という一点にとどまりますのに、これに対し、「堂内の仏像仏具類までがのこらず焼失したとする」という風に、〃書き直し〃、一見いかにも法外な主張をわたしが行ったように〝見せかけ〟ておられるからです（○○○は古田）。
「仏像」にしても、わたしが論じているのは、「仏像群中の仏像」ともいうべき「本尊」の問題なのに、これを一般的な「全仏像」と見える形に〝手直し〟しておられるのも、正直言ってあまりフェアーな感じではありません。このような手法は、「不誠実なイデオロギスト」がしばしば愛好するやり方ですが、貴文のような、誠実なる探究者の文章には、まことにふさわしからぬもの、とひそかに考えます。後生末輩の失礼の言、お許し下さい。

戦争責任のとらされ方

白村江の件。「貴見が『戦死』に『服毒自殺』や戦犯処刑まで含めておられるのには、驚きました」の一文には、当方こそ「驚き」否、率直に言って「不穏当」の感をもちました。なぜなら、ここには、明白な一種の「故意の文意変更――相手の文意――」の手法が見られるからです。今、わたしの文を転載します。

わたしが「近畿天皇家側の『重臣』や『天皇』や『皇子』たちの中で、誰一人この戦で戦死したり、捕虜になった人がいません。これはなぜでしょうか」と質問させていただいたのに対して、

> 「彼等が第一線に出なかった、ということで十分説明がつくように思います。太平洋戦争の大敗北にもかかわらず、天皇も『重臣』も戦死しておりません」とのお答えですが、わたしが問うたのは〝戦争の責任者たちが、直接に肉体的に責任をとらされた〟ケースのことです。それを七世紀のケース（白村江）では『戦死』『捕虜』と表現したわけです。

右の論旨は、〝戦争の責任者たちが直接に肉体的に責任をとらされた〟ケース（A）の具体例として、（a）『戦死』『捕虜』（七世紀、白村江）と（b）「服毒」「戦争裁判」で〝自殺・他殺（処刑）・収獄〟（二十世紀、太平洋戦争

〈大東亜戦争〉の二つをあげた形の論述です。これに対し、「(a)に(b)を含めておられる」という形に縮約されるのは、わたしの目から見ると、率直に言って「不穏当」な感じがします。もし、貴文だけ見たら、「古田は何と非常識なことを言うのか」と思わせるように〝書き直され〟ているからです。これはやはり「デマゴーク」や「悪しきイデオロギスト」の愛用する手法、そして君子の心して遠ざける手法ではないでしょうか(わたしにも、その過ちのあることを恐れます)。

白村江敗北の占領軍

右は「改文の作法」上の問題です。早速、肝心の問題に入ります。

貴文では、「十五年戦争では、連合軍が日本を占領したからこそ、第一線に出なかった近衛文麿が服毒自殺し、東条英機らが処刑されたのです。白江村の戦では、敗北はしましたが、敵軍が進撃して日本列島に上陸したわけではありませんから、大和朝廷の君主や重臣が死ななければならなかった必然性はないと思います」とありますが、この点、わたしと歴史認識を異にします。状況は次のようです(日本書紀、天智紀)。

① 天智二年八月…白村江の敗北(唐側の完勝)

② 天智三年五月…唐の劉仁願(百済の鎮将)の命により、朝散大夫郭務悰等を派遣(「表函と献物を進ず」)

③ 同年十月………郭務悰等を発遣するの勅。中臣内臣、沙門智祥を遣わし、物を郭務悰に賜う。郭務悰等を饗賜す。

④ 同年十二月……郭務悰等罷り帰る。

⑤ 天智四年九月…唐国、朝散大夫沂州司馬上柱国劉徳高等を遣わす(等は右戎衛郎将上柱国百済禰軍・朝散大夫柱

国郭務悰を謂ふ。凡て二百五十四人。七月二十八日に対馬に至る。九月二十日に筑紫に至る。二十二日に表函を進ず)。

⑥　同年十一月……劉徳高等を饗賜す。

⑦　同年十二月……物を劉徳高等に賜ふ。是の日に劉徳高等罷り帰る。

書紀に明文あるものを、ことさら列記しましたのは、ことの重大性のため、また従来の歴史学者がそれを直視しようとしていないためです。

先ず、注意すべきは、日本書紀の「大義名分関係をすりかえた表記法」です。「表函」とか「献物」とか「進ず」とか、何か唐側が「下位」、天智側が「上位」かのような表現をしています（「表」は上表文の意でしょう）。それを岩波の大系本はさらに〃上乗せ〃して「進」に「たてまつる」という訓を付しています（大系本のおかげは大いにこうむり、感謝していること言うまでもありませんが、それとは別です）。

このような表現から見ると、何か平和裏に隣国（唐）が礼を厚くし、天智側を「上位国」として臣従してきたような印象をうけます。しかし、これは全く非です。なぜなら、すでに「呉国遣使貢献」（雄略六年四月）というように、「呉国」が雄略天皇に「臣従」していたかのように表記しています。これと同じ、大義名分関係を逆転させた書き方です。もし「呉―雄略」の交渉が実際にあったとすれば、「呉」（主）、「雄略」（従）であったことを、わたしには疑うことができません（「呉」は南朝の宋・斉等を指しましょう。「正統の天子」の国です）。同じく、この天智紀も、「唐」（主）、「天智」（従）の関係を逆転させて、「主人面《つら》」して書いているのです。

次に、より重要な点、それは今回は完勝国（唐）と完敗国（倭）との関係であり、またその決戦直後（一年以内）の戦勝者の〃乗り込み〃だということです。このとき、郭務悰を派遣したのは、在百済の「鎮将」（占領軍司令官

―大系註三六一ページ二七行）であった劉仁願です。まさに「占領軍司令官の別隊」ではありませんか。右の②には、その別隊の人数など書かず、ただ「等」とだけ書いています。しかし、あとの⑤で「等」の内実が「二百五十四人」とあるように、この「等」も、五人や十人でないことは当然です。しかも、⑤が白村江の「二年あと」なのに対し、②は「九ケ月」あと、まだ戦の余塵さめやらぬときです。その時点で、百済の同盟国（日本列島）に〝乗り込んで〟くるのですから、〝乗り込む〟側も、〝乗り込まれる〟側も大変な超緊張の中だったと思います。当然「二百五十四人」どころではなかったと思います。それなのに、ここで「等」の内実をはぶいているのは、それが「注記するに足りぬほどの少人数」だったせいではなく、「意図あるカット」である可能性大と思います。ことに、ここでは⑤のように「筑紫に至る」でないことから、「近畿に至った」ととることができるとすれば、向う（唐）側の軍事的緊張は、⑤よりはるかに大でしょう。それを「等」にとどめて注記しないのは、一種の「不正直さ」（日本書紀の記述者）を感ぜざるをえません。要するに、これは「占領部隊」であって、決して「平和裏の遣使」などではない。それを書紀は、あたかも後者であるかのようによそおって記述しているだけです（もっとも、ここには、「近畿天皇家の唐側への内応」問題がありますが、この点は後述します）。

さらに、唐側が「進一歩」させたのが⑤です。この場合、ポイントは次の二点です。

ⓐ　この「二百五十四人」は、どういう職務を帯びた人たちか。

ⓑ　なぜ、「筑紫に至る」で終り、「近江に至る」とないのか。

（「表函を進ず」によって「近江に至る」をしめした、と見なしえないのは、日付から明らかです。九月二十日「筑紫に至る」、九月二十二日「表函を進ず」。明らかに「近江には至っていない」のです。）

この問いに対する回答は、従来「難問」とされてきた（あるいは「回避」されてきた）「筑紫都督府」問題にあると思います。念のため、書いてみます。

⑧ 天智六年十一月…百済の鎮将劉仁願、熊津の都督府熊山県令上柱国司馬法聡等を遣わし、大山下境部連石積等を筑紫の都督府に送る。

この「筑紫都督府」に対し、大系本は「筑紫大宰府をさす。原史料にあった修飾がそのまま残ったもの」（三六七ページ注二二）と注していますが、これこそ〝姑息な解説〟の最《さい》たるものと思います。ここは「熊津都督府」と相並んで「筑紫都督府」が出てくるのですから、一連の役所名と見るべきは当然です。そして前者が中国（唐）側の役所名（在熊津）であるとすれば、後者も同じ（在筑紫）と見なすべきでしょう。すなわち、百済（公州）に勝戦後の統治機関（都督府）を置いたと同じく、倭国（筑紫）にも、それ（都督府）を置いた――これが一番自然な理解です。

ではなぜ、それが「近江都督府」でなく、「筑紫都督府」なのか。その回答は一つ。白村江で敗れた中心権力者（倭王）は「筑紫君薩夜麻」たちだったからです。もし、そうでなく、斉明・天智たちだったとしたら、彼等（唐側）が「大和都督府」や「近江都督府」を置くのに、遠慮する必要などどこにもありません。また、それでなければ置く意味がありません。マッカーサーが厚木か高知などに総司令部、もしくはその別（副）司令部を置いただけで、〝東京には置かないままにした〟ようなものですから。

従来の学者には、このとき郭務悰等へと大和朝廷から送られた「物」で、彼等が満足したからだろう、などという解説をなす人もあるようですが（たとえば直木孝次郎氏）、およそ「子供だまし」の説明ではないでしょうか。いや、子供でも満足しないでしょう。そういう言い方ですと、「東条たちは、厚木にマッカーサーがいるとき、すぐ十分な『物』を贈りとどけなかったから、彼等は東京に入ってきた」ということになるでしょう。

要するに、②⑤の唐側の来倭国乃至来日本国の行動は、右の（⑧）史料にしめされた「筑紫都督府」として、その政治的結実を残した(一時の制度化した)ものと思います。その間の具体的経緯を書紀の記述者(編者)はカットしたため、唐突にこの一文が見え、後代の学者によって「文飾」視されて、その実体を「無視」ないし「軽視」されることになったもの――わたしにはそう思われます(肝心の「表函」の「表」の内容が全く掲載されていません。これもポイントです)。

これに対し、従来の「大和朝廷一元主義」(Tennology)に立つ歴史学者の場合、的確な解説が与えられない(原理上)ため、「文飾」視したり、相手国の人々を「物に目がくらんだ中国使節」視したりして、〝ごまかしてきた〟。――わたしの目にはそう見えています(もちろん、論文に直接そのように表現されているわけではありませんが、わたしの目には、そう見えています)。

近畿天皇家の唐への内応

ここで「近畿天皇家の唐側への内応」問題について書き添えます。

(A) わたしは、白村江で百済と同盟して唐・新羅と戦ったのは、「倭国」(九州王朝)であって、「日本国」(近畿天皇家)ではない、と思っています(「倭国」「日本国」は旧唐書による)。旧唐書は唐の対戦相手を「倭国」としています。「日本国」ではありません。

(B) 国内史料で興味深いのは、備中国風土記逸文の「邇磨郷」(岩波大系本『風土記』四八六〜四八七ページ)です。「邇磨《にま》」は「須磨《すま》」などと同じ「〜ま」の形の地名語尾のものですから、このときの募兵「二万」から出た地名などというのは、全くこじつけ。いわゆる「地名説話」にすぎませんが、そこに〝こじつけられた〟事件(白村江)そのものは注目に値いします。皇極(斉明)・天智(皇太子)の命で百済救援のために募兵したけれど、斉明が崩じたため、（その喪に服して）白村江には参加せずじまいだった、というのです。

この資料は寛平五年（八九三）の年時あり、注（四八九ページ注五）に言う通り、「風土記記事を引用した現伝最古の年代」をもつものです。従って「備中の募兵は結局、白村江に参加しなかった」「そのため、無傷だった」という事実が現地で存在しなかったら、この種の説話を〝こじつける〟こと自体、不可能です。

とすると、「備中の兵」ですら「斉明の喪に服し」、白村江不参加なのですから、大和や近江の兵（近畿直属）が「喪に服さなかった」ら変なものです。ですから、近畿天皇家の軍は、「白村江に参加しなかった」のです。「斉明の喪に服する」ことを名分（表向きの理由）として。

実際は、すでに推古・舒明以来の「唐との友好関係」（遣隋使でなく、遣唐使——日本書紀）を深めていたため、仲間（母国）の九州王朝を〝見捨て〟て、直前に戦線離脱したのです。

これが、わたしの目から見た「近畿天皇家の天皇や皇子や重臣に〝敗戦責任〟をとらされた形跡のない」理由です（唐から見れば「功績者」です）。

唐側も、「遠交近攻」のたとえ通り、倭国（九州王朝）の「分国」（分流）である近畿天皇家とは、推古期から一貫して（七〜八世紀）友好関係を結びつづけていました。ですから、「倭国」を亡ぼしてあと、一時的に置いていた自己の「筑紫都督府」を「日本国」（近畿天皇家）に〝ゆずりわたした〟形で吸収させたのです。

これがわたしの認識です。

「政・満の法則」

以上、すでに御存知のところと思いますが、根本は旧唐書の記載を〝信憑性あり〟と見なす（古田）か、〝なし〟と見なすか（貴見）の二者択一が問題の根本と存じます。

そこで、最近わたしの申している「政・満の法則」について書きます。

第一、八月一〜六日のシンポジウムで木佐敬久さん（NHK放送文化研究所主任研究員）の発言（八月三日自由討論）で次の提案がなされました。

① 倭人伝によると、帯方郡の軍司令官（塞曹掾史。「曹掾史」は後漢来の称号。「塞（とりで）」の曹掾史の意）である張政が正始八年（二四七）に来倭しています。狗奴国に攻められた卑弥呼のSOSに応じたものです。

② その帰国が壱与のときだったこと、末尾にのべられていますが、その年時が泰始二年（二六六）だったことが、晋書倭国伝や日本書紀神功紀で確かめられます。「正始八年〜泰始二年」間はちょうど二十年です。

③ つまり帯方郡の軍司令官が軍団を率いて（交戦中ですから当然です）倭国に来て、その後二十年間滞在しているのですから、倭人伝冒頭の行路記事は、軍事用の使用目的に耐えるものであるはずだ。だとすれば、㋑南と東がまちがっている（近畿説）、㋺里程が五、六倍も誇張である（近畿・九州〈筑紫山門〉説共通）などということはありえない（括弧内は古田）。そして㋩何より大切なのは、帯方郡から倭国の首都までの日程です。なぜなら、これが分らなければ、軍事行動にさいし、食糧補給・兵力増派などが不可能だからです――以上が、十数分間、理路整然（木佐さんはもとアナウンサー）と行われた提言でした。

この瞬間、一切の「邪馬台国」論争はフットンだ。つまり終結した、とわたしは感じました。なぜなら、木佐提言は、理性ある人間なら、万人が首肯するはずのものだったからです。そして幸いにも、右の理性的な木佐提言にパス（合格）できるもの、それは、わたしの説だったのです。なぜなら、わたしは①方角を「あやまてり」とせず、②里程を誇張とせず（魏・西晋朝の短里）、③「水行十日陸行一日」（計四十日、「韓国陸行」をふくむ）を帯方郡治から邪馬台国までの総日程とする、唯一の学説だったからです。

まだ今回の白樺シンポ(八月一日〜六日、昭和薬科大学諏訪校舎)の成果を知らない学者は、「邪馬台国」論争はつづいていると思っていますが、もう市民は知りはじめています。学者も、結局これを無視し通すことは不可能でしょう。

第二、実は同じ問題が旧唐書にもあります。日本国伝に、

「(開元の初〈七一三〉)…其の偏使朝臣仲満、中国の風を慕い、因って留りて去らず。姓名を改めて朝衡と為し、仕えて左補闕・儀王友を歴たり。衡、京師に留まること五十年、書籍を好み、放ちて郷に帰らしめしも逗留して去らず」

の一節です。「張政の二十年」どころか、「仲満の五十年」は原則として「京師」(長安)であった、と明記されています。ここでは他書(晋書など)を引用しての計算すらいりません。「五十年」と明記されています。つまり、旧唐書の根本資料を記録した唐朝の史官にとって、阿倍仲麻呂(仲満)は、上司だったのです。そして、ほとんど同じ京師(長安)にいたのです。ということは、当然、この旧唐書の倭国・日本国伝は、彼(仲麻呂)の情報に依拠し、そのOKをえていることを意味します。もとより彼とて日本列島内のことをすべて知悉していたわけではないでしょうが、国が「倭国」と「日本国」と、一つか二つか、そのくらいのことが分らなくて、「日本国」の遣唐使がつとまったはずはない。これが人間の理性です。

とすれば、木佐提言が、人間の理性の首肯せざるをえぬところであったのと同じく、この「仲満の証言」も、理性ある万人の首肯するところです(先入見や Tennology に毒せられぬ人なら)。わたしにはそう思われます。

以上が「政・満の法則」です。

郭務悰の報告

ところが、本稿を書いていて、気がつきました。それは「郭務悰の証言」です。先にあげたとおり、彼は「天智三～四年の間」に再度日本列島にやってきました。最初は近畿（当然このさいも筑紫を経由している可能性があります）、次は筑紫へ来ました。この二点こそ旧唐書で「日本国」と「倭国」の中心とそれぞれ目されるものです（両者の地形描写のちがいから見て、近畿と九州と見られます）。

このさいの郭務悰の報告は、必ず唐朝（長安）に達せられたはずです。その報告が唐朝の史官の認識（「倭国」と「日本国」は別。前者が光武帝の金印以来の国。後者はその「別種」）の中にくりこまれていること、当然です。ことに、「白村江の戦の相手国は『倭国』である。日本国ではない」という旧唐書の（百済伝・新羅伝をふくめて）明白極まる主張は、このときの「郭務悰の報告」をもととしている、と考えてあやまらないでしょう。

先の「二十年」（張政）と「五十年」（仲満）に比べれば、わずか「二年」ながら、倭国と白村江で激戦を交えてあと〈直後〉の「入日本列島（西日本）」という一点、右の二者に劣らぬ「きびしさ」があります。占領軍司令官（劉仁願）の命によって「入日本列島」しながら、倭国について一国か二国か、これをまちがえて報告した、などということは考えられません。とすれば、一方では、郭務悰、他方では阿倍仲麻呂の「報告」を「裏づけ」とし、情報源とした「倭国・日本国」別国記述に対し、「倭国と日本を併記するような不体裁」（旧唐書倭国日本国伝、岩波文庫解説、和田清・石原道博氏）として一蹴してきた、従来の歴史学とは一体何だったのでしょう。わたしはこれをTennologyの歴史学と規定します。世界の人間の理性にうけ入れられ能わざる偏狭の歴史学です。

以上の論証によって、右を改めて「政《せい》・悰《そう》・満《まん》の法則」といたします。時間の順序通りに。願わくは、この法

則が従来のイデオロギー史学に対する「清掃マン」たらんことを！

『旧唐書』倭国・日本国伝との矛盾

なお、貴文中、「そもそも私は、天武紀二巻・持統紀一巻を除く、日本書紀の記事は疑ってかかるのが安全、という立場をとっているのです」とあります。これはすでに前に（貴論文中に）現われている立場。よく存知申し上げています。

わたしは、貴論と見地を同じうしません。なぜなら、わたしは「全日本書紀は疑ってかかるのが安全」と考えているからです。「天武紀」（二巻）「持統紀」（一巻）を「安全圏内」におけるものとは考えていません。

その理由は、当然ながら旧唐書の倭国・日本国伝に矛盾するからです。根幹（大義名分）がここでもそれ以前と同じく″偽わられ″ているからです。それ（右の三巻）が「安全」と見るためには、岩波文庫本の解説者（和田清・石原道博氏）に同調して「倭国と日本を併記するような不体裁」と、旧唐書記載を一蹴する他ありますまい。それは「人間の理性を一蹴する」暴挙であるとわたしには見えています。もし、「然らず」ということでしたら、必ずこの「政・悰・満の法則」に対し、正面から、必要にして十分な反論をしていただきたい。わたしはそれを心から願います。

なお、貴簡（一九九一年十一月十四日）の最後に、

「この私信論争は公開されても異議ありません」

の一文、まさに金玉の宝文と感銘いたしました。わたしも、全く同じです。歴史学界において公的な意義を十二分にもつこの論争は、是非とも全文公開させていただきたいと存じます。

斯界の大先達、尊敬すべき先生に対し、ささやかな後生の身をかえりみず、失礼の言辞の数々伏しておわび申し上げます。また御手の痛みを押して御叱正賜わりしこと、心から無上の感謝の言葉を深く深くのべさせていただき、いったんここに筆を擱《お》かせていただきます。

〈追伸一〉

木佐さんとの対談の小冊子、同封いたします。御瞥覧賜われば、幸です（「魏志倭人伝の新発見」『合本市民の古代』第3巻巻頭〈新泉社刊、一九九一・一二・一〇〉抜刷）。

〈追伸二〉　**十二月九日昼**

本稿では郭務悰が来た到着地は、最初近畿、二回目は筑紫と理解しましたが、他の考え方もあります。その点、改めて書かせていただきます。

一九九一年十二月十八日書き始めます

7　太子と無関係の仏像を本尊とする不自然

家永三郎

十二月七日付の長文の御回答ありがたく拝受いたしました。誠実にお答えくださったことに感謝いたします。私の誤解していたこと、納得できないことを次に申し述べます。二年前から始まった書痙が治癒せず、もともとの悪筆がいっそう乱れ、判読しにくい文字の羅列となってしまうのをおゆるし願います。

誤解に基づく議論を撤回

一、「法華義疏」の「本」について。これは私の誤解でした。貴著『古代は沈黙せず』一二一ページ終から五行目に「吉蔵の著書に対し、倭国側の人物（僧等）が書写した場合」の「書写」に目を奪われたのですが、その一行前に「草本・刊本の別を問わず、「本」の称呼が用いられている」とあって「草本」を含めていられるのを看過しました。私の議論を撤回し、誤解に基いて議論をしたことを陳謝いたします。

六世紀中葉以前説には反対

二、それにもかかわらず、「法華義疏」についての貴論には同意できないことが多々あります。まず、天台・嘉祥両大師の説を引用していないことを理由に、その成立を六世紀中葉以前とされることに反対します。七世紀前半の日本における大陸文化の受容は、同時代の中国の最新水準を受容するのではなく、一段階前の古い段階のものを受容しているのが大勢です。大矢透博士の『仮名源流考』に、推古朝の遺文に周代の古音が遺存していると主張しているのは、「周代の古音」ということは支持できないにしても、少くとも隋・唐の最新の音でない古音を用いていることは否定できません。

造形美術においては一層明瞭で、私たちの今問題としている法隆寺金堂釈迦像も、それが七世紀前半の作である点については争いが無いのですが、明らかに一段階古い北魏の様式を示しています。仏教教義についても、同じことが考えられると思います。ことに六世紀中葉以前の日本に、このような高度の仏教教義研究の客観的条件はまだ成立していなかったと考えられます。

次に「太子、不親近」について。私は、いわゆる三経義疏の太子真撰説については、現在その可否を答える力なく、保留しているのですが、かりに「法華義疏」が聖徳太子の著であるとしても、「不親近」うんぬんが矛盾するとは思いません。晩年「世間虚仮」を口にした太子は、太子の身分も「虚仮」なるものにすぎないと見、自分の身分を相対化する心境に達していたと考えられます。これを史料によって論証することは困難なので、「新編上宮太子拾遺記」と題する創作の形で私の推定を表現したことがあり、『刀差す身の情なさ　家永三郎論文創作集』に収めて公刊したのですが、今スペアがないので、お送りできないのが残念です。「世間虚仮」を論拠とするのは、後述のとおり天寿国繡帳の史料価値を肯定することを前提としています。

本尊に対する斑鳩の人々の目

三、法隆寺金堂釈迦像については、一歩も譲ることができません。貴簡によれば、①「法隆寺再建のとき、『尊き釈迦三尊』が運びこまれた（別に「聖徳太子との関係あり」としてではなく）、②何年か、何十年かたったあと『聖徳太子との関係』へのこじつけがはじめられた（法隆寺内部で）」、とお考えとのことですが、私はそのような考え方が経験法則に反すると思うのです。再建された法隆寺に何故はるばる九州から聖徳太子と無関係の仏像を運んできて本尊とする必要があるのか、その「動機」が無いではありませんか。

そもそも九州にこのような様式の仏像を造る仏師またはその工房があったという事実がなく、大和には飛鳥寺の本尊などの仏像を造る技術が完備しているのに、大和で造らないで、九州から運んでくる、しかもたいへんな手間をかけねば運んでこられないはずですが、そのような事情は到底考えられません。たとい聖徳太子と関係のある仏像であると呼号しないでも、九州から運んできて搬入するまでの経過は隠匿できませんから、斑鳩の人々の目には明白であったはずです。

しかもその仏像には銘文があって、貴説によればそれは聖徳太子と無関係の銘文ということですから、斑鳩の人々がいわばお門違いの仏像を金堂本尊としたことを認識しなかったはずはありません（貴簡によれば、光背銘の周囲にがくぶちのようなものがとりつけられていたとおぼしき痕跡が発見された由ですが、その正確な実状もわかりませんし、それが何を物語るかもわかりませんので、このことは今問題外にしておきます）。九州から運んできた仏像を再建金堂の本尊としたというのは、極度に無理な推定というほかなく、そのような意味で経験法則に反すると申したのです。

没年月日は故意の造作ではない

四、日本書紀の聖徳太子死去年月日について。私は日本書紀が聖徳太子の正しい死去年月日を知りながら故意に異なる年月日としたとは考えておりません。なぜこのような年月日になったのか、その理由はわからないと申したのですが、故意の造作でなければ、別に「動機」を必要とはいたしません。大体天武・持統紀三巻以外の日本書紀の年月日には疑問が多いのです。

例えば欽明天皇の在位年数は上宮聖徳法王帝説のそれと大きくくい違っています。用明天皇・崇峻天皇の在位年数についても上宮聖徳法王帝説とは合いません。天智紀には法隆寺火災の記事が重出しています。その他例はいくらでも挙げられます。ことに推古紀の紀年は疑問が多く、くり返し申しますが、岩崎本と流布本との間に一年のずれがあります。おそらく暦の立て方によって生じた相違が多いのではないかと思いますが、私は暦については全くの門外漢ですから、これ以上論ずる力がありません。

「一屋無余」に本尊をふくめることこそ「信仰」

五、「一屋無余」。貴説は「肝心の本尊が救出された場合、『一屋無余』だけの表現では不適切である」とされますが、私は不適切ではないと考えます。「一屋無余」に本尊をふくめることこそ「信仰」であって、学問的論理とは申せません。貴著には「一屋無余」の冒頭に「(本尊をはじめ)」という前提を冠しておられますが、「はじめ」のあとに続くのは同一範疇に属する事物であるべきです。本尊と建物とは範疇を異にし、「本尊はじめ建物…」という表現はどう考えても無理です。「一屋無余」は「建物一屋も」以上の意味を有しません。コトバの内包をコトバの本来の限界以上に拡大解釈するのは、まさしくファラシーです。

天寿国繡帳と銘文を「造作」する動機はない

六、貴説は、釈迦像を九州から搬入したということを前提として天寿国繡帳銘文を「造作」された「二次的史料」とされましたが、論証が逆立ちしていると思います。天寿国繡帳はそれ「自体」造作されたとすべき徴表を有しておりません。天寿国繡帳銘文によって釈迦像銘文を理解するのが順当な論理と思います。そうすれば釈迦像およびその銘文について貴説のような無理な解釈をする必要は消滅します。そもそも天寿国繡帳とその銘文を「造作」する「動機」が全く無いではありませんか。

ちなみに、繡帳銘は上宮聖徳法王帝説の引用文によってのみ伝わっているのではありません。法王帝説の引用文と全く無関係の独立系統の鎌倉時代写本が別にあり、両者を対校することによって繡帳銘文四百字が完全に復原できるのです。

白村江には畿内朝廷軍も参加

七、白村江の敗戦について。まず、「〝戦争の責任者たちが直接に肉体的に責任をとらされ〟たケース（A）」の具体例として、（a）「戦死」「捕虜」をあげられたのは、これまたコトバの用法としてきわめて不自然ですが、そのことは本論に直結しませんので措きます。白村江で日本が「完敗」したとしても、本土を距ること遠隔の外地の戦闘での敗北であって、本土が占領されたわけではありませんから、戦争責任の追及などおこなわれるはずがありません。天智三年是歳紀や同四年八月紀には、唐の上陸作戦に対する迎撃の準備がなされたことが記されており、太平洋戦争の「降伏」と全く戦後の様相を異にしています。

また、畿内の朝廷が白村江の戦に加わらなかったという貴説も疑問です。備後の三谷の郡領の先祖が百済の軍旅に遣わされたとき無事を祈願し、無事帰国したのち報恩のために三谷寺を造ったと日本霊異記上巻第七に見え、伊予国越知の郡の大領の先祖が百済を救うために遣わされて軍に到ったとき唐兵に擒われ唐国にいたったことが同第十七に見えますが、彼らは畿内朝廷の命令で動員されたものと考えられますので、白村江の役に畿内朝廷の軍が参加したことは否定できないと思います。

一九九二年三月十六日

8 倭国の首都は筑紫にあり

古田武彦

春日もようやく近く、暖い日射しがつづいています。お変りございませんか。十二月十八日(一九九一)の貴簡いただきながら、御返事おくれ、申しわけありません(入試をはじめ、昨年のシンポジウム〈八月一～六日〉の後仕末など、かって経験せぬ、用務つづきでした)。

「法華疏」(いわゆる「法華義疏」)成立は六世紀中葉、もしくは後半期

早速、筆のすすみを喜びつつ、記させていただきます。

〔一〕「法華義疏」の「本」について、「誤解に基いて議論をした」と、お認めいただき、うれしく存じます。

〔二〕にもかかわらず「法華義疏」についての愚論、認めがたしとの点。実は、ここにも貴文は、「誤解に基いて議論をした」形になっていることを、再び指摘させていただくこと、お許し下さい。

「まず、天台・嘉祥両大師の説を引用していないことを理由に、その成立を六世紀中葉以前とされることに反対します。」

「ことに六世紀中葉以前の日本に、このような高度の仏教教義研究の客観的条件はまだ成立していなかったと考えられます。」

右で、「法華義疏、六世紀中葉以前成立説」がわたしの主張であるかのようにくりかえし記しておられますが、わたしは次のように明記しています。

「従来『法華義疏』と呼ばれてきた著作の本文は、その内実において『聖徳太子の真作にして直筆』とは、到底見なしがたい。六世紀中葉、もしくは後半期の人物で、『南朝偏依』の立場をとった人の著作である。」(『古代は沈黙せず』一二二ページ・五〜七行)(傍点は現在)

これが、わたしが「結び」として、「本稿の論理を要約しよう」として記したところ、つまり結論です。なぜこれを無視して「六世紀中葉以前」と書き変えた上で、反論しておられるのでしょうか。不可解に存じます。

右の本稿中、わたしは「法華義疏」にくりかえし引文された「法華義記」が「六世紀中葉前後の時間帯における成立(面授の門弟等による〝結集〟)である可能性が高いのである」(五一ページ一〇〜一一行)とのべています。「六世紀中葉前後」成立の「法華義記」を、「六世紀中葉以前」成立と(貴論の見なされる)「法華義疏」中に引用できる道理はないではありませんか。

何か、御閲読中に混線を生じられたのではないか、と拝察いたします。もちろん、わたし自身の行文の不手際もあるかと存じますが、それを恐れて、「結び」に明記したものです。

要は、「上限」として「法華義記」の引用問題、「下限」として「天台大師、嘉祥大師(吉蔵)、欠落」問題を使用した、その論定の帰結が、右の「結び」の筆頭(一)に特筆大書したところです。

料金受取人払

本郷局承認

4035

差出有効期限
2007年12月
31日まで

郵便はがき

113-8790

377

東京都文京区本郷
2-5-12

〔受取人〕

新泉社

読者カード係　行

◆本書の発行を何でお知りになりましたか？

1. 新聞広告　2. 雑誌広告　3. 知人などの紹介
4. 小社の図書目録　5. 書評　6. 店頭で

◆本書に対するご批評・小社への企画のご希望など…

このカードをお送りくださったことは　ある　なし

★小社の図書目録を差上げますか　いる　いらない

本書名

購入書店名　市区町村

ご購読の新聞雑誌名
新聞　雑誌

あなたのご専門
または興味をお持ちの事柄

ご職業
または在校名　年令　才

〔郵便番号〕

ご住所

ご氏名
ふりがな

●このはがきをご利用になれば、より早く、より確実にご入手できると存じます。

購入申込書　お買いつけの小売書店名と　ご自宅の電話番号を必ずご記入下さい。
ご自宅〔TEL〕

〔書名〕　〔部数〕　部

ご指定書店名	取次	この欄は書店又は当社で記入します。
住　所〔区・市・町・村名〕		

この申込書は**書店経由**用です。ご自宅への直送は**前金**で送料一回分310円です。

伝播時期のずれの問題

次に、「伝播時期のずれ」の問題について。推古朝遺文や法隆寺金堂釈迦三尊の北魏様式の点を指摘されて、伝播には「ずれ」の生ずべきことをのべておられます。一般論としては、そのように考えられましょう。

（ただ、最近は、この「北魏」様式と同型のものが、少しあと—六世紀段階か——に南朝の仏像に「発見」された、との報道がありました。この点、今後のテーマです。また大矢透氏の『仮名源流考』については、後述。）

このような「ずれ」があったからこそ、近畿天皇家は、いわゆる「遣隋使」（日本書紀の表記通りでは「遣唐使」——わたしの立場）を派遣したのではないでしょうか。その「仏教を現地に求める」国家的求法行為は、「現在（隋もしくは唐初）の仏教」を求めることであって、現在のそれを見向きもせずに投げ棄て、過去（六世紀中葉以前——「法華義記」）のそれのみを求めるものではなかったはずです。それなのに、現「法華義疏」のしめすところ、現在（隋もしくは唐初）のめざましい業跡（天台、嘉祥）が、全く相手にもされていないのです。これをおかしい、と思われませんか。もし、この「法華義疏」が通説のように、「聖徳太子作」であるとすればです。それに、天台や嘉祥は決して「隠れた仏者」ではありません。

ことに嘉祥は、隋の煬帝が後《あと》押しして、華やかな国家の仏教護持政策の中枢にあった人物ですから、これを無視するのでは、「遣隋使」も「遣唐使」も、意味がないではありませんか。もし、これらの「現代仏教」に反対なら、堂々と筋道たててそれを「法華義疏」にのべればいいはずです。しかし、その気《け》もありません。要するに、この作者は、「天台」や「嘉祥」など、知らないのです。これがポイントです。ですから、一般的な「伝播のずれ」問題でこのポイントを回避することは許されない。わたしはそう思います。

太子、不親近問題

「太子、不親近」問題。貴文では、太子が「世間虚仮」の立場にあって、「自分の身分を相対化する心境に達していた」から、

　一には、国王や、王子や、大臣や、官長に親近せざれ、と。（是れ驕慢の縁なればなり。）（傍点、古田）

と書いていても、矛盾はない、とされますが、これも、わたしには不可解です。一般的に「世間虚仮」と見、「相対化」の心境にあったという、抽象的・観念的な問題と、「王子たるわたし、に近づくな」という具体的な問題とは、問題の次元を異にしているからです。このような〝異状な要請〟となる文言に対し、ただ「是れ驕慢の縁なればなり」では、よそごとのように聞えます。法華経本文（及び「法華義記」も、か）の主張は「われわれ僧団は、権力者層に近づかず、一線を画そうではないか」と呼びかけているわけですから、その「権力者層の最中枢部」に現在いる太子にとって「よそごと」のような注釈ですませるわけにはいかないでしょう（釈迦の出家も、この点に一因があるかもしれません）。太子を「虚仮」「相対化」の心情にあった達人と見て、それ故、その矛盾点なし、とされるのは、いささか「太子への身びいき」に過ぎるのではないか、とわたしには思われます。

　『刀差す身の情なさ』は、発行所（中央大学出版部）がなかったため、苦労しました。昨日、当該箇所（「新編上宮太子未来記」）コピーしました。楽しく拝読させていただいています。もちろん、学問上の論証ではなく、貴心情をうかがうためのものですが、有難うございました。

金堂釈迦像問題

〔三〕「法隆寺金堂釈迦像」問題。この点、貴文では「一歩も譲ることができません。」と力説しておられますが、やはりわたしには理解不可能です。

「(わたしの九州からの移置説に対し)私はこのような考え方が経験法則に反すると思うのです。」

「再建された法隆寺に何故はるばる九州から聖徳太子と無関係の仏像を運んできて本尊にする必要があるのか、その『動機』が無いではありませんか。」

「九州から運んできた仏像を再建金堂の本尊としたというのは、極度に無理な推定というほかはなく、そのような意味で経験法則に反すると申したのです。」

以上の御説に対し、反問させていただきます。「各寺の本尊は、すべてその寺の開祖と直接かかわりあるものである」これが「経験法則」なのですか。それなら、わたしたちには大変便利で、本願寺の本尊(阿弥陀仏)は、東西とも「親鸞に直接かかわりのある阿弥陀仏」だと認定できることになります。比叡山や高野山についても同じです。しかし、遺憾ながら、そんな事実はなく、「経験法則」も成立していません。第一、法隆寺の「百済観音」など、名前からすれば、〝百済到来〟あるいは〝百済様式〟を意味していそうですが、特別「太子と直接かかわりある観音」などと聞いたことがありません。他寺(吉野寺〈比蘇寺〉の放光樟寺)からの到来(移置)であるとの説も、書かれています(東大寺の堀池春峰氏による。町田甲一『法隆寺』〈角川新書〉七六ページ)。「本尊でなければいい」というのも、変ですよ、ね。法隆寺には〝直接太子にかかわりのない仏像〟がかなりあります。そしてこのような姿こそ、各寺の仏像・本尊の常態です。そしてそれが「経験法則」のしめすところです。これは仏像ではありませんが、京都の妙心寺の鐘が「戊戌年四月十三日壬寅収糟屋評造春米連廣国鑄鐘」とあり、九州で作られ、そこに置かれていたものが、近畿へ「移置」されたこと、有名かつ明白です。では、その鐘と一具の仏像、つまり「本尊」は。由緒ある「鐘」だけ「移置」されて、「本尊」はもとのまま、とは一寸考えがたいですね。その「本尊」も、どこかに〝身売り〟された可能性が大きい、と思います（妙心寺は、大八車に乗せて売りに来たのを、「買った」そうです）。こういう例を見ても、「古鐘」はともあれ、「古仏」や「本尊」はちがう、といっても、わたしには疑問があります。

書紀の太子死去年月日問題

〔四〕「日本書紀の聖徳太子死去年月日」問題。

「私は日本書紀が聖徳太子の正しい死去年月日を知りながら故意に異なる年月日としたとは考えておりません。なぜこのような年月日になったのか、その理由はわからないと申したのですが、故意の造作でなければ、別に『動機』を必要とはいたしません。」

この点、敢えて一、二指摘させていただきます。

第一、〝太子の没年月日がまちがったのは、「故意」ではない〟という御主張は、いいかえれば、〝書紀の編者たちは真の「太子の没年月日」を知らなかった〟という認識を基礎にしていますね。では、彼等（編者集団）は誰一人、法隆寺の釈迦三尊銘文や天寿国繡帳銘文の存在を知らなかった、ことになりますね。そこには「正しい没年月日」が書いてあるはずですから。もちろん、庶民がこの両者を「見ていた」とは思いませんが、逆に書紀の編著集団、舎人親王等が誰一人この両者の存在を知らなかった、とはわたしには思えません。ちがいましょうか。第一、法隆寺の管理者、責任者たちが誰一人「日本書紀を見なかった」——こんな状態も、わたしには想像できません。

「おそらく暦の立て方によって生じた相違が多いのではないか」

と言っておられますが、もし「月日」が同じで「年」がちがうだけ、というのなら、「岩崎本と流布本との間に一年のずれ」などを〝裏づけ〟ともできるかもしれませんが、何しろ「月日」がちがうのですから、「暦の立て方」に責任を帰するやり方は成功しません。これでできるなら、もう「年月日の異同」など、問題にする方がナンセンスとなります。

「一屋無余」問題

〔五〕「一屋無余」問題。この点に関する貴論は理解しにくいようです。なぜなら、すでにわたしの方から出した論点（『聖徳太子論争』四㈤「一屋無余」問題五四〜六一ページ）に対して全くお答えになっていないからです。そこでわたしは「一舟之覆無二一物而不ㇾ沈」の例をあげました。これは「舟が覆れば、中の物は皆沈む。附属の物は皆其の主体に従ふ喩」の意ですから、今問題の「一屋無余」も、同様に解すべきです（「無二一物不ㇾ沈」と共通。つまり「主体」は本尊、他の建物・道具等は「附属の物」です。寺の中で一番の「主体」といえば、本尊以外にありません）。「同一範疇」云々の議論なら、右の「舟」と「一物」も〝同一範疇ではない〟といえましょう。（もっとも、この判定自体、きわめて主観的なものです。なぜなら「本尊」と「一屋」も〝寺内の存在〟としては「同一範疇」ですし、一方は「信仰の対象」、他方は「物的に使用すべき対象」と考えれば、「同一範疇」ではない、となりましょう。）

天寿国繍帳銘文問題

〔六〕「天寿国繍帳銘文」問題。この点、項目を分けて申します。

第一、『聖徳太子論争』（七、(八)「造作の意図」論、八三〜八七ページ）で、これと同一の論点をわたしは提出しています。それに対する「応答」が全くなく、遺憾ながら貴言は「前言のくりかえし」に終始しているからです。

第二、貴文では「天寿国繍帳[A]はそれ自体『造作』されたとすべき徴表を有しておりません。天寿国繍帳銘文[B]によって釈迦像銘文を理解するのが順当な論理と思います。」とありますが、A自体が「後世の造作」とはわたしは思っていません。しかし、B（銘文）について、現在わたしたちが眼前にしている写本（帝説の引用文、鎌倉時代写本）は、きわめて疑わしい、とわたしは考えています。その徴表が、「一字余分」問題です。また「干支矛盾（甲戌と癸酉）」問題です。

さらに、わたしの「追記」（九四〜一〇三ページ）は、この問題に対する新しい分析の光をあてたもので、『聖徳太子論争』中、最大の収穫と、勝手ながらわたし自身には思われています。しかし、その点に一言の御言及なく、〝前言をくりかえし〟ておられるだけですから、残念に存じました。

貴見では林幹弥氏のアイデアには従い、『廿一』の下の『日』を削ることとなせり」としておられますが、この手法には「一見些少な、しかしその実、重大なる矛盾を見出す」として、わたしは縷々のべています。それをここでただくりかえすのも、心外です。どうぞ、このわたしの提起を無視せず、御回答お願いします。九四〜一〇三ページの間の、わたしの所論です（前の八三〜八七ページの論点にプラスしたもの）。

白村江敗戦問題

〔七〕「白村江の敗戦」問題。この点も、理解しがたく思われます。なぜなら、前回わたしが、天智年間（白村江直後）における、三回にわたる郭務悰の来日（正確には「来倭国」）問題についてのべ、これは実質上「占領軍」の性格をもつ、とのべたのに対し、一言も反論されず、ただ、

「白村江で日本が『完敗』したとしても、本土を距ること遠隔の外地での敗北であって、本土が占領されたわけではありませんから、戦争責任の追及などおこなわれるはずがありません。」

とあります。右の「完敗」後、唐の鎮将（百済）や唐の天子がくりかえし使節団を派遣しているのですから、これが単に、「単純な平和使節」であるはずがありません。太平洋戦争のケースと「全同」（全く同一）でないことは無論、当然のことながら、この三回の「来倭」の意義を直視してほしい。わたしはそう言っているのです。従来の日本の古代史学は、この重要問題を「直視」せずに来た。わたしにはそう見えています。

郭務悰の到着地

この点、前回わたしが追伸で、

「本稿では郭務悰が来た到着地は、最初は近畿、二回目は筑紫と理解したが、他の考え方もあります。この点、改めて書かせていただきます。」

と書いた点、次に記させていただきます（別紙㈥の天智紀記事参照）。

第一、天智四年九月（⑥）には、唐使一行（郭務悰をふくむ）は、筑紫に来ているが、近畿に至っていない。九

月二十日に「筑紫に至る」とあり、二十二日に「表函を進ず」とあるから、中一日(二十一日)で「筑紫から近畿へ至った」とは考えられない(対馬に七月二十八日に至り、筑紫は九月二十日。これと対比)。

第二、一国の使者が「表函を進ず」るのは、本来、相手国の中心権力者に対してであって、出先官庁に軽々しく渡すものではない。また、はるばる長安(唐の都)から日本列島まで来て、わずか「筑紫〜近畿」の間を、労を惜しんで省略することなどありえない。ことに「交戦直後」である。また、そんな労の惜しみ方は、国使として許さるべきことではない。すなわちこの時の相手国(倭国)の首都は筑紫にあり、と唐側は認識していたものと考えざるをえない。

第三、とすると、第一回の、天智三年(五月、②)の「来倭」も、文面上、一見「近畿に至った」形で記述されているにもかかわらず、その実はさにあらず、やはり「筑紫どまり(ストップ)」だった、と考えざるをえない。なぜなら、一国(唐)から他国(倭国)へ「表函と献物を進ず」というのは、その国の「中心権力者」に対してでなければならぬ。すなわち、一つの国の中の二者(近畿と筑紫)に「表函」をわたす、などということはありえないからである。すなわち「筑紫に至り、筑紫で表函を進じた」記事を、「近畿に至り、近畿で表函を進じた」形に改ざんしたもの、と考えざるをえない。

第四、右の推定の裏づけとして、肝心の「表函」の中味が全く紹介されていない。ことに「天智三年五月」のもの(唐側の書面)は、白村江勝利のわずか九ヶ月あとであるから、「降服勧告書」に近い、激烈かつ屈辱的な文面と思われる(発信人は、百済の鎮将—占領軍司令官—劉仁願)。それが一切引文されていない。もし、「屈辱的文面」をきらったのなら、「出《で》だし」や「末尾」だけでも、引文できるはずである。それがないのは、その「表函」は、〝近畿側の手になかった〟からである。実は「筑紫に渡された」ものを、いかにも〝自分(近畿)へもってきた〟

かに偽わり、記したからである。

第五、天智十年十一月（⑧）に来たとき（郭務悰等。唐の天子の使節団）も、六百人（主、使節団）、一千四百人（送使等）、船四十七隻という大部隊でありながら、やはり「筑紫どまり」で近畿へ至っていない（天武元年五月―弘文天皇時代―に帰国）。

これだけの大部隊が唐の天子の命でやって来て、「相手国の首都に至らず、途中にストップして、そのまま帰る」など、ありえないことである。そのように読んで（すなわち近畿側を「倭国の都」と見て）怪しまなかった従来の読み方には、大きな矛盾があった（怪しんで〝説明〟しようとしても、結局、牽強付会に帰するしかない）。

以上が要点です。根本的な問題をふくんでいますので、是非、御見解をお聞きしたい、と思います。

「政・悰・満の法則」が前提

貴文中の〔五〕の冒頭に、「貴説は、釈迦像を九州から搬入したということを前提として」とあり、いかにもわたしがあてにならぬ、証拠もない推測を「前提」にして立論したかに〝造文〟しておられますが、これは正しくありません。なぜなら、わたしは一回も、右のような推測が自分の立論の「前提」だ、などとは書いていないからです。逆に、わたしが「前提」としたのは、前回に大量の文面を使って書いた「政・悰・満の法則」です。この形でまとめたのは最近、それも前回の返信執筆中でしたけれど、その中身はもちろん十数年来のものです（『失われた九州王朝』昭48以来）。すなわち、旧唐書の倭国伝・日本国伝の大綱は信憑せねばならぬ、という一点です。それを今回、郭務悰の証言（倭国伝）・阿倍仲麻呂（仲満）の証言（日本国伝）という形の「唐側にとっての情報提供者」の提示で〝裏づけ〟ようとしただけです。

（木佐敬久さんが「倭人伝の行路記事の信憑性」を、倭国に二十年滞在した軍事司令官――張政――の証言〈情報提供〉として、証明されたこと、その方法にわたしが刺激されたのです。逆に、木佐さんは、わたしがすでに「阿倍仲麻呂の証言」として、旧唐書の倭国伝・日本国伝の信憑性をのべていた、わたしの本のその手法に影響をうけられたもののようです。）

右の点、前回にそれこそ特筆大書して、力説を重ねていますのに、このようなわたしの立論の、根本の「前提」を一切無視し、何一つ応答せずにカットされた上、代って「九州から搬入」云々を古田の立論の「前提」だ、と〝造文〟されたのは、わたしとしては、大変に心外です。

ハッキリ申しますが、わたしの立論の大前提は、中国の史書（同時代史書、または同時代史料にもとづく史書――当王朝の滅亡後――）の記事を信憑性あり、と見なした場合、従来の古事記・日本書紀の記述の大義名分（近畿天皇家一元主義）を骨格として「肯定」した、従来の歴史像と正面から衝突し、相いれがたい、という一点にあります。これは「推測」ではなく、「史料事実」の衝突です。どちらの史料を信憑するか、単純かつ明確な分岐点です。

右の大前提から見ると、文句なしの同時代史料たる金石文（釈迦三尊銘文）にも、従来の一元史観では説明しがたい、数々の点を見出した（「法興」年号、没年月日、大后、王后名等）。その結果、この仏像の銘文は倭国（九州）の中で作られたもの、と判断した。そのため、これは、ある時点（七～八世紀）で九州から搬入されたもの、と解せざるをえなくなった。これがことの真相です。わたしはいつも、そう書いてきました。それを、歪曲され、いかにも「九州から搬入」が「前提」であり、そこからわたしの立論がはじまっているかのように書いておられるのは、いかにも不公正です。わたしには、そう（不公正）としか見えないのです。「前提」というような、学問上重要な単語を、こんな「相手の主張を言い変えた」「因果関係を逆転させた」形で使用されていいものでしょうか。わたしには理解不可能です。

それより、わたしの本当の「前提」をとりあげて下さい。もちろん「政・悰・満の法則」です。

備後や伊予は九州王朝の命に従った

貴文では、「畿内朝廷の軍が参加したことは否定できない」証拠として、「備後の三谷の郡領の先祖が百済の軍旅に遣わされたとき無事を祈願し、無事帰国したのち報恩のために三谷寺を造った」(日本霊異記上巻第七)ことや「伊予国越知の郡の大領の先祖が百済を救うために遣わされて軍に到ったとき唐兵に擒われ唐国にいたった」(同第十七)ことをあげておられますが、それは貴見にはそのように見えていても、わたしの側には全くそのように見えません。なぜなら、右の「備後」や「伊予の軍」が「畿内朝廷の軍」であった、その支配下にあった、という証明が全くないからです。おそらく「証明しなくても、それは自明(通説)」と言われるでしょうが、それなら「筑紫の薩夜麻が擒われた」こと(日本書紀)をもってしても、「畿内朝廷の軍が参加したことは否定できない」と言ってしまえば、いいことになります。わたしの立場では、この史料のしめすところ、備後や伊予は九州王朝(筑紫の君)の命に従っていた、と判断するだけなのです。これに対し、近畿天皇家側(分家筋の有力豪族)は、「斉明天皇への服喪」を名として脱落し、備中国(二万郷―備中国風土記)はこの近畿の名に便乗した。――このように見えるのです。

(関東の毛野君も、筑紫君側について従軍したようです。従軍は決して地理上の「九州内」だけではありません。)

従って右の日本霊異記の記事を(わたしに対して)「論拠」に使おうとされるなら、右の論証(当時の備後・伊予が近畿の命に従っていたことの証明)をせねばなりません。しかし、真にその「命に従って」いたのが、「斉明天皇への服喪」を名として参加(従軍)しなかった「備中国」であることは明らかです。この事実を逆から見れば、備後や伊予は、「備中の軍事対応」とは逆に「斉明天皇への服喪」による「白村江不参加」をしなかったことになります。すなわち、近畿の豪族（天皇家）側と行動を共にしなかったのです。ですから、おあげになった例は、逆の事実（備後・伊予が近畿側に立っていなかったこと）をしめす史料です。同じ史料でも、視点がちがえば、全く逆に見える、その好例と申せましょう。

九州王朝主体の記事を偽り置く

また「天智三年是歳紀や同四年八月紀には、唐の上陸作戦に対する迎撃の準備がなされたことが記されており、太平洋戦争の『降服』と全く戦後の様相を異にしています」とお書きになっておられますが、これは左の史料です。

Ⓐ（天智三年）是歳、対馬嶋・壱岐嶋・筑紫国等に、防と烽とを置く。又筑紫に、大堤を築きて水を貯へしむ。名づけて水城と曰ふ。

Ⓑ（天智四年）秋八月に、達率答㶱春初を遣して、城を長門国に築かしむ。達率憶礼福留・達率四比福夫を筑紫国に遣して、大野及び椽、二城を築かしむ。

この二史料はもちろん、わたしとしては早くから注目し通してきたものです。わたしの立場からは当然でしょう。この記事の問題点は左のようです。

〈その一〉　先ず、この「紀年の信用性」です。貴文では、「大体天武・持統紀三巻以外の日本書紀の年月日には疑問が多いのです」〔四〕と書かれながら、ここでは、何の疑いもなく、白村江直後の「時点」として疑っておられない。そういう使い方をしておられます。

〈その二〉 次は主体の問題です。例の近畿天皇家一元主義のイデオロギーからは、疑いなく「天智の命」となりますが、わたしの立場からは疑問です。「日本書紀は、枝葉末節には問題があっても、根幹（大義名分）には、一貫して狂いなし」という「書紀信仰」の立場は、わたしの立場ではありません。つまり、この一文も、別の「時点」の、「九州王朝主体」の記事を、ここ（白村江のあと）に、〝偽り置いた〟そういう可能性もある、と考えるのです。この点、水城などが果してこの時点（天智三年）の築造として「限定」できるか、その問題です。

〈その三〉 それは、構造上の問題とも関連します。近年太宰府の南、高良山の近く（久留米に近い）に、同じ「水城の突堤」が発見されました。すなわち、「南北の水城」はいずれも、太宰府を、〝南北からの敵の襲来〟を守るものだったのです。すなわち「都の防衛」のためであり、太宰府そのものの地理的・軍事的構造の一貫してのものだった。この視点が浮んできたのです。これを「日本書紀の記事を想像で補って」ひたすら北の唐に対する防禦と考えてきたのが、従来の史学でした（書紀には、「唐に対する防禦」とは、書かれていません）。

「水城」は「御津城」の当て字

〈その四〉 水城には、もう一つ、重大な困難点が浮んでいます。書紀には、「大堤を築きて水を貯へしむ」とありますが、実際は、水城には、〝水がたまらない〟のです。

なぜなら、水城の真中に御笠川が流れています（南の水城では同じく宝満川～筑後川です）。従って水城の内側に水をためることなどできません。御笠川はかなり大きな川ですから、これをせきとめて内側に水をためることなど、不可能です。またその川の両側の水城も、そのような（両側からの）せまり方をしていません。貴見の場合、何回当地へ足を運ばれたか知りませんが、わたしは当然ながら、くりかえし、くりかえし当地に足を運んでいます

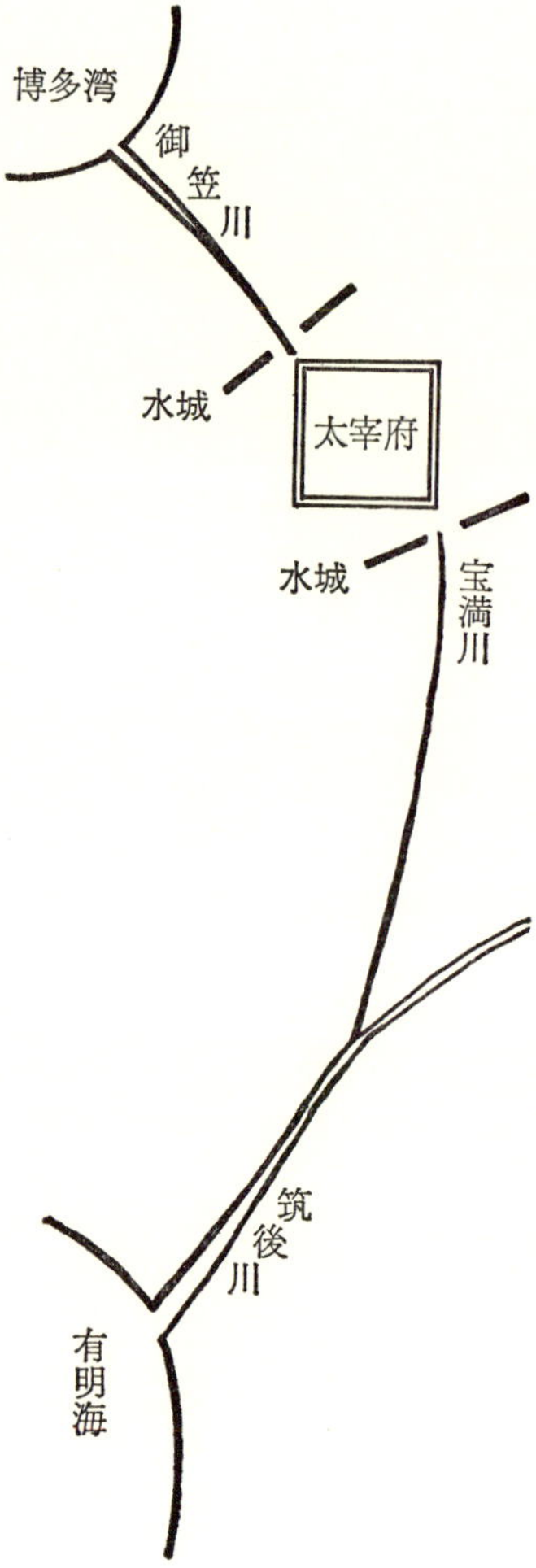

（この三月下旬にも、この水城の内側に何泊かします）。その上、土地の方、古代史に熱心な方、考古学者、教委の方々から、何回も、この「疑問」（水のたまらぬ水城）をお聞きしました。実地を知る方には、不可欠、必然の疑問です。

わたしも、多年この疑問を抱いて当地を彷徨したあと、ふと思いつきました（吉野ケ里発掘のころ）。ある日、この水城を通り抜けたとき、その一瞬です。「水城」は〝当て字〟で、「御津城《みつき》」ではないか。日本の地名で、この〝当て字〟にだまされることはあります。東京に（学生時分）はじめて来たとき、「日暮里（ひぐらしのさと）」とは何と優雅な名前か、と。ところがやがて気づきました。これは新堀（にひほり）の促音便「にっぽり」を、あんな字面で表わしたにすぎない、と。わたしの京都の家のある「向日町」も、他《よそ》の人はしばしば「むかひまち駅」（JRの駅）などと発音しますが、現地の人はそんな発音はせず、「むこうまち」です。京都市から見て桂川の（向う）の町の意、つまり、京都市側の「目」でつけた、自然な呼び名、それを美しく「向日」と〃当て字〃したただけです。

これと同じく、もともと「御津城《みつき》」だった。水城の中心を流れるのが「御《み》笠川」であるように、「御《み》〜」の表現は、この地帯に少くありません。太宰府の南の「みぬま」も、三瀦郡などと書きますが、同じ「み」を接頭語にもちます。御笠郡（筑前）・御原郡（筑後）・御井郡（備後）と、「御〜」のスタイルは、この地帯に多いのです（和名抄）。従って「御津城」という表現も、当然おかしくありません。そして「津」が港津であること、当然。博多湾岸（あるいは有明海側）に、太宰府に近い港津があり、そこが「御津《みつ》」と呼ばれているのではないでしょうか。または「津城」（港津に臨んだ要害）の語に、例の「御〜」が冠せられた、といった方がいいかもしれません（昔は、博多湾がかなり太宰府近くまで入りこんでいたことは、周知の事実です）。

これが「水城」と〃当て字〃されたため（「三瀦」のように）、近畿天皇家側は誤解し、「大堤を築きて水を貯へしむ」という、〃珍妙な〃解説を加えてしまったのです。実地と、その城の実態を知らなかったためにです。これは「向日町」に対し、〃この町は特に日に向っているところである〃といった解説をするたぐいの、「珍解釈」だったのです。それが現地を知る人々を悩ませる結果となったのです。

思えば、太宰府には、七世紀段階だけでなく、それをずっと上廻る（六世紀から弥生まで）遺跡・遺構が次々と出ています。あれだけの（山に囲まれた）要害の地ですから、それは古墳時代にも、弥生時代にも、そうだったのですから、その頃の名前があったのは当然です。まさか、その頃から「太宰府」と呼ばれていたはずはありません。つまり「みづき」とは、あの突堤だけの呼び名ではなく、太宰府の地（要害の中の都城）の総体に対する太宰府前の呼び名だったのではないか。この問題です（この点、縄文・弥生・古墳等の地形図が必要です。この当地について。

――今度、博多で調べます――)。

〈その五〉　これに対し、もし「いやそうではない。書紀の解説が正しい」と言いつづける方があれば、現地の人々の当面している、この困難点を、ハッキリと解明する、その学問的義務が生じます。

〈その六〉　逆に、わたしの方の理解が正しければ、それは重大なテーマをしめします。それは「水城を築いたのは、近畿天皇家側ではない」という帰結です。なぜなら、自分の方で、この間（七二〇から見て、天智二年は「この間」です）造った「水城」の実態を見失って、「珍解説」を行う、ということはありえないからです。

〈その七〉　このことは、わたしたちの常識、つまり貴文のいう「経験法則」から見ても、当然です。なぜなら「天智二年八月」に白村江で大敗北を喫しながら、その翌年直ちに、あれほど（水城）の大土木工事を、北（一般に知られた水城）や南（新しく発見された水城）にまで行うとは。そんな余力がどこにあったのでしょう。しかも、そこは（従来説の学者には）「都」ならぬ「地方官庁」にすぎません。それほどの大土木工事を行うなら、当然、近畿に対してでなければ、不可解（従来の史学の立場では、そうなりましょう）。これが人間の常識、理性ある人間の「経験法則」にかなう理解です。貴見及び従来の史学の目は、それに真向から反しています。

「太宰府」は総理官庁

〈その八〉　ことのついでに一言します。「太宰府」もしくは「大宰府」は、〝総理官庁〟の謂いです。これは、周代の周公（大宰）の頃から、南朝劉宋の建康（南京）の頃まで、（そのあとも）変りません。それは総理府ですから、「都」の中にあり、「天子の宮殿」と同じ町（都）にあります。それなのに、難波や近江や大和の「大王」が、博多に〝総理府〟をおいた、などということは、それこそ奇想天外です。東アジアの常識にありません。

その上、大切な一点、それは日本書紀に「筑紫に太宰府を置いた」という記事がないことです。しかし従来の歴史学では、戦前の皇国史観でも、戦後の津田「造作」史観でも、「設置記事があろうとなかろうと、官職を授け、官庁を置きうるのは、近畿天皇家のみ」という、「証明なきイデオロギー」を貫いてきました。わたしの視点からすれば、「天皇家の御用史学」たる所以、その骨髄部分です。とくに〝総理庁〟に当る重要官庁であり、その時期も、七世紀頃なのに、その「設置記事なし」もおかまいなしに、「太宰府」を〝近畿天皇家の太宰府〟と解し通してきました。その矛盾の露頭が、右の「水城」問題です（現在の都府楼遺跡の右奥〈正面から見て〉のやぶと畑のところが、「紫《し》宸殿《しんでん》」という字地名をもつこと、基山の上に「北帝門」という地名のあることなど、わたしが指摘して〈『ここに古代王朝ありき』朝日新聞社刊〉すでに久しいのですが、歴史学者も考古学者も、〈権威の「定説」に都合の悪い現象には〉見向きもせず、今日まできました。その露頭の一つ、それがこの「水城」問題です）。

以上によって、何気なく（従来の歴史学者間に「自明のこと」として）お使いになった史料が、その実、大変な問題性をはらむこと、御了解いただければ幸です。まこと、秋田孝季の言のごとく、「歴史は足にて知るべきものなり」ですね。

阿知王の高句麗訪問の時期

すでに御文に対する応答は終えさせていただきました。この次には、新しいテーマについてのべさせていただきます。御引用ありました書名『仮名源流考』を披読させていただきました。詳しくは『假名源流考及證本寫真、全二冊』で、明治四十四年九月三十日発行、編纂者は国語調査委員会。序文に委員大矢透に嘱した旨、記せられています。その中で「第五章周代古音の伝来に対する予備の研究」以降、ことに興味深かったのですが、さらに

「第七章漢魏両晋の字音」中、阿知使主に関して七ページ（二七二〜七八）も詳述され、応神紀・坂上系図・続日本紀・田村氏系図・後漢書等が長文引用されながら、結局「漢魏両晋の音」の具体的影響について、不分明の結論に終っています。御承知のように、応神紀の記事は左の二項です。

Ⓐ（応神）三十七年の春二月の戊午の朔に、阿知使主・都加使主を呉に遣して、縫工女を求めしむ。爰《ここ》に阿知使主等、高麗国に渡りて、呉に達《いた》らくと欲《おも》ふ。則ち高麗に至れども、更に道路《みち》を知らず、道を知る者《ひと》を高麗に乞ふ。高麗の王、乃ち久礼波・久礼志、二人を副《そ》へて、導者《しるべ》とす。是に由りて、呉に通《いた》ること得たり。呉の王、是に、工女兄媛・弟媛・呉織・穴織、四の婦子を与ふ。

Ⓑ（応神四十一年二月）是の月に、阿知使主等、呉より筑紫に至る。時に胸形大神、工女等を乞はすこと有り。故、兄媛を以て胸形大人に奉る。是則ち、今筑紫に在る、御使君の祖なり。既にして其の三の婦女を率て、津国に至り、武庫に及びて、天皇崩ず。及ばず。即ち大鷦鷯尊に献る。是の女人等の後は、今の呉衣縫・蚊屋衣縫、是なり。

右について、岩波の日本古典文学大系本では、Ⓐ高麗国について、次のように注記しています（三七九ページ註一二）。

「五世紀前半ころの高句麗は好太王・長寿王父子の治世で、日本とは敵対関係にあった。」

これは、応神時代における「倭国〜高句麗」関係から見て、右のⒶⒷのような友好的国交関係はありえぬことを、鋭く指摘したものです。

ところが、福岡県の糸島郡の高祖山山麓（西側）に土地の名家、原田家（金竜寺）があり、漢の高祖の系譜を引く、阿知使主の直系であることを誇っています（高祖山は「たかす（高巣）」を漢の高祖に〝当て字〟したもの、と思います)。

その家に伝来する文書・記録では、阿知王とその一族(各名前、すべて記録)が男女二千四十人、十七県民を連れて、帯方郡建国邑を脱出したのは「晋太康十年(二八九)五月朔日」だというのです。そして「応神天皇二十年(二八九)九月五日」に日本に帰化した、というのです(日本書紀その他の史料には、このような「月日」はありません)。

すぐお分りのように、この「応神二十年」は「皇紀」です。この脱出は、漢が滅んだあと三国対立期を経て、蜀漢と呉の滅亡を見定めたあと、帯方郡の「領国」を離れたもののようですから、この「二八九」という脱出期は道理があります(阿知王は、漢の高祖の系流)。従ってこの時期の「倭国」は、倭国の女王、壱与が泰始二年(二六六)に西晋に朝貢して、二十年後になっています。両時点は、同じ西晋の第一代、武帝(二六五〜二九〇)の治政期内に当っています。倭国の王も、同じ壱与であっても、不思議はない。そんな時期です。

その上、大切なこと、それは、「二六七〜三一六」という西晋期四十年間は、いわば例外的に「倭国〜高句麗」間の平和的友好期間でした。なぜなら、「三一六」に西晋が滅亡し、南北朝時代に突入すると共に、北朝系の高句麗と南朝系の倭国は、それぞれ朝鮮半島(楽浪郡と帯方郡)の覇権をねらって、凄絶な激戦期に入ったのです(四〜六世紀中葉)。従って阿知王の活躍期を「応神三十七(三〇六)〜応神四十一(三一〇)」とすれば(書紀の「記載」通り)、東アジアの国際状勢にピッタリ合致するのです。

高句麗は、魏には恨みをいだいていましたが(毌丘倹の高句麗討伐)、晋朝に代って、外交の転機をむかえ、一方、漢朝に対しては恨みをいだいていず、その「漢の高祖の子孫」を称する、倭国使、阿知王を歓迎したと思います。

以上のように、阿知王の高句麗訪問は「歴史事実」としての性格を帯びていることが判明しましたが(少くともその性格をもちうる)、ときは「三世紀末葉から四世紀初頭の内の史実」であって、決して書紀の語るような「応神(四世紀中葉)〜仁徳(四世紀末葉〜五世紀初頭)」の時期の史実ではありません。明らかに書紀は「偽わりの歴史」を、「他の王朝の史料」を使って「偽作」しているのです。

書紀の〝偽史振り〟の好例

この点、さらにこれを明らかにするのは、Ⓑでこの阿知王の子孫が「今筑紫に在る、御使君」だと言っている点です。大系本の注では、この「御使君」について「他に見えず」(三八〇ページ九)と言っていますが、二十世紀の現在でも、阿知王の子孫であることを強烈に主張する名家が筑紫に現存するのです(わたしは金竜寺の玄関先で三〜四十分、一人でその講義を御当主から聞かされました)。この阿知王が「阿知使主」と呼ばれていること、周知のごとくですが、「使主」とは〝使節団の長〟であり、「御使君」の名称も、同じ意味の表現ではないでしょうか。それほどの名門の存在も、〝近畿の文献〟では「他に見えず」なのです。

その上、阿知王は四人の婦女のうち、「兄媛」を筑紫に残しています。「胸形大神に奉る」という名目で。しかし、どこでも、その土地の神に「奉る」形をとったのではないでしょうか。とすれば、〝最高の織姫〟を筑紫に残したこととなります。

また、三世紀末といえば、弥生時代ですが、この時期に絹(弥生絹と中国絹)の分布しているのは、北部九州(筑紫と肥前)のみです。この分布事実の上に、右の阿知王の「織女探しの旅」は〝定置〟されているのです。

阿知王の出発地は筑紫、壱与の倭国の中枢です。帰国後、瀬戸内海周縁に呉の織女を〝分置〟させているのです。これが「倭国の勢力圏」だった(西日本)のであろう、と思います。

以上から見れば、Ⓑの末尾の「天皇（応神）崩ず。及ばず。即ち大鷦鷯尊（仁徳）に献る。」というのは、まさに書紀の〝偽史振り〟の露骨な表示です。この事件が、この時期（応神と仁徳〈四〜五世紀〉）であるはずがありませんから。あの「水城の解説」と同じ、馬脚を現わしているのです。

この阿知王説話もまた、九州王朝（筑紫君）に関する歴史記事（事実）をあたかも近畿天皇家の歴史であるかのように、偽わって〝とり入れ〟ている、その好例です（単なる、空想上の「造作」ではありません）。

以上のような分析は、これまでの歴史家のおよそ夢想もせぬところだったかもしれません。しかし、わたしの分析では右のようです。何か御参考賜われば幸です。以上、失礼いたしました。

一九九二年三月二十日書き始める

9　天寿国繡帳銘の忌日は原物にあった

家永三郎

おいそがしいなかを、私の批判に対して、三月十七日付の長文の御回答ありがとうございました。今まで長年月にわたり論争を続けてきましたので、双方の文章をあわせるとぼう大な量となり、それを逐一再読してお答えすることは、今の私の心身の条件（八十歳を前にして心身ともにいちじるしく衰弱しております）では困難ですので、大体において今回頂いた御回答に即してお答えいたします。

「世間虚仮」は太子の生活体験の実感

㈠　「六世紀中葉以前」と書きましのは、どうしてこのように書いたのか、思い出すことができませんが、明らかに貴著の文章と違っていますので、これを貴著どおり「六世紀中葉前後」と訂正します。そして、訂正してもなお私の見解は変わりませんので、前便の私見をそのまま維持いたします。

㈡　遣隋使が最新の仏教教学書をもち帰ったとしても、日本でこれを理解してただちに著作に援用することが可能であったとは断言できません。「伝播のずれ」が発生する余地は十分あり得ます。もっとも今の私は三経義疏太子真作説には自信を失ない、判断を留保しておりますから、法華疏が太子の作であると主張するわけではありませんが、「六世紀中葉前後」の日本にこのような著作が成立する条件はまだ無かったという前便の主張は変更する必要を認めません。しかし、「六世紀中葉前後」に日本の国外で著作された、というのであればまた別です。しかし、その場合、なぜそれが外国に残っておらず、日本にだけ伝存するのか、という疑問が生じます。

㈢「世間虚仮」は「抽象的、観念的な問題」ではなく、聖徳太子の生活体験に裏打ちされた具体的実感であると私は思います。「世間虚仮」の命題の中には、王位も太子の地位も「虚仮」であるという意識が含まれています。史料によって立証はできませんが、太子は皇族であること、太子であることに自己嫌悪を感じていたにちがいない、と私は推測して、「新編上宮太子未来記」のうちに創作の形でその推測を織りこんだのでした。釈迦のように、太子の位を棄てて出家することはしませんでしたが、意識のうちに、「驕慢の縁」と考える可能性はあった、と思います。しかし、前述のとおり、法華疏太子真作説に自信を失なっている現在の私として、このことを強く主張するつもりはありません。

本尊を一般的命題にあてはめるのは論理の飛躍

㈣ 法隆寺金堂釈迦像が九州から運んできたものであることについて、経験法則上考えられないという主張は、御回答にもかかわらず、私として依然くり返えさないではいられません。寺院の仏像の中に他の寺から移入されたものが多い、という一般的命題はそのとおりでありますが、しかし、再建された法隆寺の金堂本尊についてそのことがあてはまるとするのは論理の飛躍です。古代において寺の創建と本尊の造立とは、ほぼ時を同じくするのが通例です。法隆寺の場合は再建ですが、金堂の再建は創建と同じような比重をもつ事業です。その新しく再建された金堂に太子と縁もゆかりもない造立の由来を記した銘文をもつ仏像を、しかも九州からわざわざ運んできて本尊とする、といったことは私には到底ありえないこととしか考えられません。何故そんな異常のことをしたのか、その動機も見当りませんし、斑鳩の人々がそれに疑問をもたなかったとすれば不思議です。

先便の「そもそも九州にこのような様式の仏像を造る仏所またはその工房があったという事実がなく、大和には飛鳥寺の本尊などの仏像を造る技術が完備しているのに、大和で造らないで、九州から運んでくる、しかもたいへんな手間をかけねば運んでこられないはずですが、そのような事情は到底考えられません。たとい聖徳太子と関係のある仏像であると呼号しないでも、九州から運んできて搬入するまでの経過は隠匿できませんから、斑鳩の人々の目には明白であったはずです。しかもその仏像には銘文があって、貴説によればそれは聖徳太子と無関係の銘文ということですから、斑鳩の人々がいわばお門違いの仏像を金堂本尊としたことを認識しなかったはずはありません」という、私の主張に今回の貴簡はまったく答えていません。

「二月廿二日」の文字が原物にあったのは確実

㈣　「いかにもわたしがあてにならぬ、論証しない推測を『前提』に立論したかに〝造文〟しておられますが」、とありますが、私は貴兄が「あてにならぬ、論証もない推測を『前提』に立論した」などとは言っておりません。論証の内容には同意できませんが、いずれにしても、釈迦像を九州から搬入したという命題を、さきに立て、それを前提として天寿国繍銘の二月廿二日の文字を後世の改竄とされていることは事実ではありませんか。私はそれが論証は逆であると申したのです。天寿国繍銘が、こまかい文字の異同は残るにせよ、史料価値が高いことをまず前提にすれば、法隆寺釈迦像銘も聖徳太子についての銘文として理解できる、というのが私の見解です。

天寿国繡銘の四百字全体の原物は残っていませんが、その古写本があり、それが相互に独立した複数の写本であることからして、すべての文字が原物どおりでないとしても、少くとも「二月廿二日」が原物にあったことは確実です。『聖徳太子論争』で、貴兄は『後代写本、一致』を〝名〟とする議論の、史料批判上、いかに危いか」を主張しておられますが（九九～一〇二ページ）、古事記や歎異抄の本文に関する問題からの類推は、天寿国繡銘にはあてはまりません。繡銘の古写本である法王帝説と鎌倉時代の古写本とが、相互に独立したものであることは、法王帝説での誤脱が鎌倉時代古写本では脱落していないことに徴しても明白で、どちらも繡銘原物からそれぞれ独立して写しとったか、あるいは写しとった本の転写であることを示しています。そのどちらもが「二月廿二日」としているのは、「多数決」ではありません。

逸失

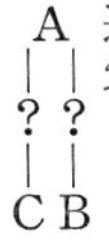

右のような史料の継受関係においてBCが一致していれば、Aにもそのように書かれていたと判断するのが史料批判の方法として常識ではありませんか。「多数決」が必ずしも適切でないのは、

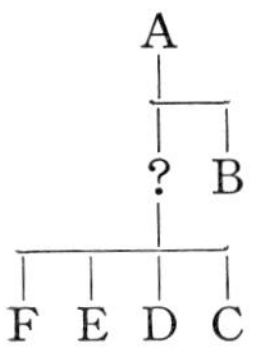

のような場合に、ＣＤＥＦの多数でＢを否定するような場合のことで、天寿国繡銘の写本には適用されません。「大いなる偽作の時代」「つじつま合わせ」（前引一〇一ページ）ということで天寿国繡銘写本に改竄を結論されるのはまちがいです。

私は、天寿国繡銘の現物にも「二月廿二日」とあったことは確実と考え、したがって法隆寺金堂釈迦像銘で二月廿二日に「登遐」したとされるのは聖徳太子であると結論するものです。もっとも、別人が偶然にも同じ二月廿二日に世を去ったと考える論理的余地は残りますが、それはあまりにもうまくできすぎていますから、同一人物と考えるのが自然でしょう。

「一屋無余」の解釈は強弁

㈤　「一屋無余」について。私は「一屋無余」以下八字を原史料に無い、日本書紀編者の机上の作文と考えるものですが、一応この八字が原史料にあったとしても、そこに本尊が焼失したという意味が含まれていたとする貴見は、どう考えても強弁としか考えられません。「屋」の文字が建築物以外のものを含まない以上、そこに建築物以外のものを含ませるのは、文字を超えた主観的主張だからです。「一舟之覆、無一物而不沈」という句があるからとて、それが「一屋無余」の解釈を支持するとは思われません。「一屋無余」のあとに「無一物而不沈」に相当する文字、例えば「無一物而不焼尽」というような句があれば別ですが、それが無い以上、その点は何も言っていないと解するほかないからです。「一屋無余、大雨雷震」が事実とすれば、おそらく五重塔に落雷して塔が焼けそれから金堂に延焼したのでしょうから、本尊を運び出す余裕はあったと考えられます。

㈥　「当時の備後・伊予が近畿の命に従っていたことの証明をせねばなりません」。逆に備後・伊予が筑紫の命に従っていたことの証明をしなければならないのではないですか。その証明は示されていません。

今まで数年にわたって貴見と論争を続けてきましたが、今にしてふりかえると、結局平行線をたどっているほかないことを痛感いたします。私としては納得できないことをお知らせする目的は達しましたが、果して学問の発展のためになんらかの収穫があったかを思うときに、否定的な答しか出てこないようです。貴見の反論に、多くの有益な内容があることはたしかですが、私の主張への回答は、㈠類推の成立しないことを挙げて類推する強弁が多く、㈡感情的な用語が多過ぎ（もちろん人間であるかぎり、感情を全く抜きに論争できませんし、私も時には感情的用語を用いましたけれど、貴兄の文章にはあまりにもそれが多過ぎます）、これ以上論争を継続することの意義が疑わしくなったことを、感じたままに申しあげて一応筆を擱きます。

10　理論的前提は「政・悰・満の法則」

古田武彦

三月二十日付（一九九二）の御書簡、有難く拝受いたしました。三月下旬より四月上旬にかけて韓国・博多と長期間滞在し、帰って校務等（「紀要」世話役）の繁忙にまきこまれ、今回も、御返便おそくなりました。お許し下さい。後生からの失礼なる御手紙に対し、御応答賜わり、心からうれしく有難く存じております。

前回（三月十七日）は、思わず長文となり、御迷惑をかけましたので、今回は簡明に要点を記させていただきます（わたしの前回の手紙の番号と、貴簡の番号とちがいあり、今回は前回の貴簡の番号に従わせていただきます）。

わたしの「法華義疏」に対する考え方

㈠　「六世紀中葉以前」を「六世紀中葉前後」と訂正する旨、お書きですが、わたしが今回、わたしの著書から引文しました通り、「六世紀中葉、もしくは後半期」としていただきたく存じます。簡約すれば、「六世紀中葉以後」です（「法華義疏」が引文している「法華義記」の方が、「六世紀中葉前後」です）。

㈡　わたしは右の「法華義疏」（より正確には「法華疏」――第一巻末尾に本文と同筆で書かれた表記）（著書一〇四ペ

ージの右下写真参照）に対し、次のように考えています。

①　この本文の筆者（著述者）が日本列島人か、中国人か、不明。奥書等が切り取られた形跡がある上、冒頭の二行文、

「法華義疏第一　此是大委国上宮王私集非海彼本」

は別紙、別筆による貼布であるから、この解説が本当に本文に相当するかどうか、保証がない（むしろ「変造」の形跡から見ると、両者を結び着けて解するのは危険）。

②　従って本文が自筆本（草稿本）であることは確かでも、誰のものか不明。

③　従って本文の筆者（著述者）が日本列島人か、中国人か、朝鮮半島人か、一切不明。

右の状況ですから、ここの貴簡の御議論とは、直接相反するものではないようです。また『六世紀中葉前後』の日本にこのような著作が成立する条件はまだ無かった」との貴説に対しては、

④　前述のようにわたしの立場は、「前後」ではなく、「以後」ですから、六世紀末葉もふくみます。ですから、〃従来のように太子真撰（七世紀前半）は可能だが、それより前（六世紀末葉）は無理〃というような議論は、いささか、きゅうくつのように思われますが、どうでしょうか。

⑤　「日本の国外で著作された、というのであればまた別です。」というケースも、わたしは十分ありと考えます。

⑥　その上、日本列島人が、中国（南朝）滞在時に執筆した、というケースも、考慮の中に（可能性として）入れるべきものと考えています。

㈢　「世間虚仮」問題。この点、愚見と異った御見解ですが、「法華疏太子真作説に自信を失なっている現在

の私」と言っておられるのですから、わたしとしても、これ以上申し上げる必要なしと存じます。有難うございました。「新編上宮太子未来記」をふくむ貴著『刀差す身の情なさ』ようやく入手、楽しく拝読させていただいています。

本尊の九州からの運入問題など

(四)「法隆寺金堂釈迦像の九州からの運入」問題について。貴簡では、「寺院の仏像の中に他の寺から移入されたものが多い」ということを一般的命題としては「そのとおり」と肯定されながら、法隆寺については認めがたい、としておられます。この法隆寺「特殊化」の貴論法がわたしには理解しにくいのです。運入の出発点が出雲や吉備や近畿内の非大和の地なら可、九州なら不可なのか。それとも「大和以外の地」からは一切不可なのか、いずれでしょうか。またお寺の鐘(前回にのべた妙心寺の鐘など)なら可、本尊は不可なのか、この点も不明です。たとえば、近畿の古墳前期の石棺は(近畿の石材を使わず)九州の阿蘇山系の石を使っている(九州で製形の模様)ことは、有名な事実です(倉敷考古館の間壁忠彦・葭子夫妻の研究による)。〝近畿にも立派な材があるのに、職人もいるのに〟と言ってみても、事実はくつがえせません。また先年発掘された武寧王陵の木棺が韓国(百済)に多い「栗の木」でなく、日本列島(西日本)特産の金松(こうやまき)を材料にしていたことが判明したそうです(韓国で聞きました。森浩一さんも講演で同じ問題をのべられたそうです)。〝韓国には木棺にふさわしい木(栗など)がたくさんあり、すぐれた職人もたくさんいるのに〟と言ってみても、やはり事実は事実です。

(Ⓐ日本書紀の武烈紀の百済新撰引用の武寧王記事には、倭国〈筑紫〉との関係が特記・詳述されているのに、Ⓑ三国史記の武寧王項には「倭国関連記事」が全くありません。今回の「金松」問題はⒶの正当性、信憑性を指示しています。)

最後に、指摘させていただきたいのは、いわゆる「三種の神器」（神皇正統記、書紀では「三種の宝物」）の中の「草薙の剣」の問題です。詳しくは、「補」でのべますが、要は、〃スサノオの獲得した神剣は、「出雲王朝以前」のシンボル物のはずなのに、それを近畿天皇家が「神器」（続日本紀巻十、聖武天皇、神亀四年十一月二日）と称した〃点です。これに対し、〃近畿でも、鉄剣なり銅剣なりを作る技術も職人も立派にいるのに、そんな出雲関係の剣などを最高のシンボルにするはずはない。人々も許しはしないだろう〃などと論じてもはじまらないのではないでしょうか（詳しくは後述します）。「三種の神器」は、近畿天皇家にとって、いわば「本尊」扱いされているものではないかと思います。

㈣′（㈣となっていますが、前項も㈣ですから、㈣′とします。）この項で、貴見と愚見のちがいは、「言葉の定義」のちがいと判りました。

前提①或る物事をなす土台となるもの。②（Premise）推理を行う場合、結論の基礎となる判断。三段論法の場合には大前提・小前提を区別する。（広辞苑）

貴簡では、①の用法、愚見では②の用法です。

愚見の場合、〃事件の流れにおける時間の順序〃での最初を意味するとすれば、「近畿天皇家に先在した九州王朝」「白村江における九州王朝の敗北」が話（仏像運入）のもとですから、やはり「政・悰・満の法則」の是非が問題になるのですが、この問題には貴簡は「不問主義」をとっておられるようですから、これ以上のべません。

次に、「天寿国繡帳」の問題。わたしの従来の所説（貴見をふくむ）に対する疑問は、前回の〔六〕の中の「第一」「第二」（本書六二ページ）においてポイントを提示した通りです。これに対する御回答はないようです。

写本のモデルの二種、

については、今問題のケースが右のいずれに属するか、という判断は、「論者の主観的判定」に依拠する傾向が高いと思います。それが史料批判上の問題点と存じます。わたしの目には、「天寿国繡帳」の場合、「上宮聖徳法王帝説」所収のものも、鎌倉期写本のものも〝共に矛盾をふくんでいる〟ように見えています。ということは、この両系列発生以前の段階において、すでに「改竄」があった、と考えざるをえない、そういう立場です。

このわたしの見解を否定されようとする場合、ことは簡単です。右の〔六〕の「第一」と「第二」にお答えいただければ、いいわけです。

㈤「一屋無余」の問題。これはやはり、貴見と愚見との相異したままの問題です。いわば〝文体に対する感覚〟の問題ですから、これ以上論ぜず、そのちがいを大切に保存させていただきたいと存じます。

㈥「備後・伊予」の問題。わたしの論法は次のようです。

① 備中風土記の邇磨郷の意味するところ、備中の兵士は「斉明天皇の喪に服する」ために、白村江の戦に参加しなかった（天智天皇の命による）。

② 従って、近畿天皇家それ自身も、「斉明天皇の喪に服する」を名として、白村江の戦に参加しなかった（備中に、それを命じて、「みずからは戦う」というのは不可解）。

③ 筑紫は、薩夜麻という筑紫君の捕囚という事実から見て、中心的に白村江の戦に参加していた。

④ 貴指摘のように、「備後・伊予」は、白村江の戦に参加した。

⑤　従って「備後・伊予」は、②ではなく、③と行動を共にしていた、と考えざるをえない。

以上です。しかし、それだけのことですから、論理的「前提」はやはり、「政・悰・満の法則」にあります。この法則を、貴簡との応答の中で発見し、確認したこと、これをわたしは、最大、最高の収穫として、深く深く心から感謝いたしております。

〔補〕

三種の「神器」と三種の「宝物」

〈第一〉　「三種の神器」問題について。

この問題については、御存知の藤田友治さん（市民の古代研究会会長）がエネルギッシュな追求をしておられます。その基本は、①「三種の神器」の語は、神皇正統記には出てくるものの、記・紀には出現しない。②記・紀には「三種の宝物」がある（日本書紀、神代下、第九段、第一、一書）。この二点の措定の上に立って、弥生時代の「三種の宝物」の存在を筑紫（糸島・博多湾岸）に求めておられます。

わたし自身も、藤田研究に刺激されて考えるうち、奇妙なことに気づきました。右の「三種の宝物」（岩波・日本古典文学大系本、一四六ページ）は、

①八坂瓊の曲玉　②八咫鏡　③草薙剣

とされています。この三種は、それぞれ「表記の手法」がちがいます。

①　八尺瓊の曲玉――「広辞苑」では〝多くの玉を八尺（やさか）の緒に貫いてあるもの〟とありますが、紀の

原文では「八坂瓊」とありますから、「八坂」は地名である可能性もあります。「瓊」は〝赤い玉〟だとされています（広辞苑）が、〝八坂特産の瓊で作った曲玉〟の意ともとれます。

② 八咫鏡——この「咫アタ」は、上代の尺度（広辞苑）というのが通解です。

③ 草薙剣——三種のうち、これだけが「歴史つきの固有名詞性」をもつものです。

ですから、②は〝大きさ〟だけ、この大きさであれば、どんな鏡でも、複数・多数ありうるという感じです。①は、かりに「特定産地」であっても、やはり一個特定ではありません。〝多くの玉を八尺の緒に貫いてあるもの〟なら、なおさら特定性はありません。

ところが、「草薙剣」だけは、特定性があります。〝スサノオの蛇退治譚つき〟のものです（スサノヲ以前の「蛇」をシンボルとする文明の「中心剣」と考えています。わたしの立場）。

従って「三種の宝物」やがては「三種の神器」と言ってみても、その特定性は、この「神剣」にあることが判ります。

第一段階——蛇をシンボルとする文明の神剣（信州の縄文土器も蛇を保護神としています）（「都牟羽の大刀」古事記真福寺本）。

第二段階——スサノオ段階。

第三段階——アマテル段階。「国ゆずり」後、この「三種」を構成し、その中心をかって出雲にあって、スサノオをシンボライズしていた「神剣」とした。すなわち、「三種の宝物」は、「国ゆずり」の物体化と見られる（「出雲～筑紫」の国ゆずり）。

第四段階——従って「弥生期の筑紫」に、この「三種の宝物」が出土するのは、「国ゆずり」の物象的表現と見られる。

〈その一〉　吉武高木（福岡市）

〈その二〉　三雲（糸島郡）

〈その三〉　須玖岡本（春日市）

〈その四〉　井原（糸島郡）

〈その五〉　平原（糸島郡）

《以上、Ⓐ「都牟羽大刀」及び「天叢雲剣」が本来》

第五段階――近畿天皇家（八世紀）、日本書紀の神代紀に、右の第一～第三を「置換」し、記載した上で（養老四年〈七二〇〉）、先記の神亀四年（七二七）の記事となります《熱田神宮のⒷ「草那芸（薙）剣」をⒶ「天叢雲剣」と『同定』、これと置換》。

詔曰、朕頼二神祇之祐一蒙二宗廟之霊一久有二神器一新誕二皇子一。（聖武天皇）

この表現から見ると、〝日本書紀の神代紀に書かれた「三種の宝物」は、久しく、わが近畿天皇家が持っている〟と称しているようです。確かに、右のように、「草薙剣」以外の二種は、特定性をもたないのですから、それも可能ですが、しかし筋道からすれば、真の三種の核心をなす「草薙剣」が代々近畿天皇家内になく、他（熱田神宮）に置かれたままになっている、というのも不思議です。

この点、わたしは聖武天皇の天平十年五月三日の、

（前略）賷《モタラシテ》二神宝一奉二于伊勢大神宮一。

の項に注目しています。「賷」は、〝他からモチキタル〟の意で、この「他」とは、果して「近畿天皇家」（内部か

ら）かどうか、という問題です。

長くなるので、今回は、ここで打ち切りますが、要は「三種の宝物→神器」というのは、「前出雲→出雲→筑紫→（大和）」という歴史上の伝来（権力の移転）の〝証拠〟として、「誇示」されているという一点です（五世紀初頭とされる銚子塚古墳〈糸島郡〉から出土した「三種の宝物」類の中に、「黄金鏡」〈後漢式鏡〉があったのは、この「黄金鏡」を中心とする「三種の宝物」を筑紫の王権が所持しつづけていることを誇示しているものと思います）。

右を要するに、近畿の王者は「近畿製」の宝器を権力のシンボルとして「誇示」する、というものではないようです（法隆寺の「本尊」問題の御参考として）。この問題は、別論文に改めて詳述するつもりです。

九州歴史資料館の「水城」の解説

〈第二〉「水城」の件について。三月から四月にかけて十日間、博多にまいりました。そのさい、九州歴史資料館（天満宮・太宰府の近く）に行ったところ（四月一・二日）「水城の北側に幅六〇メートル、深さ四メートルの大

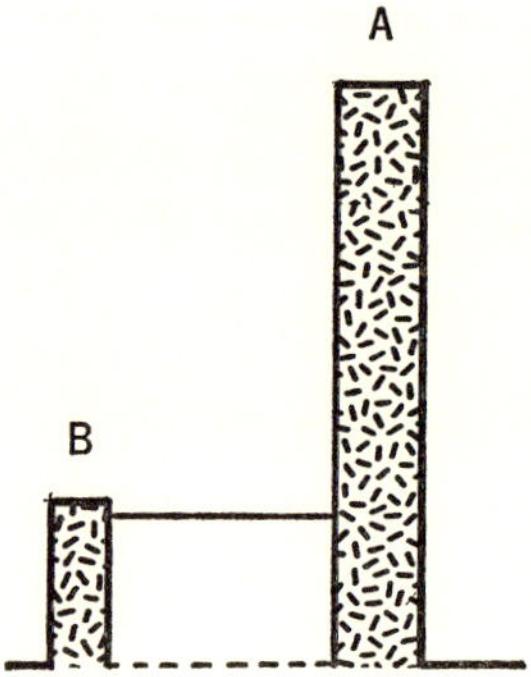

↑大堤（水城）（Aが南側）
↑今回発見された小堤（Bが北側）

溝のあったことがわかり、日本書紀天智三年の『筑紫に、大堤を築きて水を貯へしむ、名《なづ》けて水城と曰ふ。』の記事が正しかったことが分った」との解説・展示がありました。「ああ、それなら、この前、家永さんあてにお書きしたのを訂正しなければいけない」と思って館を辞したのですが、帰路よく考えてみると、この解説・展示はどうも正しくないようです。なぜなら、右の図のようなわけですから、この場合、Aの大堤を基準にした「水を貯へしむ」という表現は妥当しません。むしろ「小堤を築きて水を貯へしむ」となるわけで、こっちの小堤の方が「水城の本体」ということになります。しかし現地で「水城」と呼びつづけてきたのは〝目にもあらわな〟Aの方です。

その上、もしこれが「水城」なら、戦国の城はほとんど右のような構造ですから、すべて「水城」と呼ばれるべきでしょう。江戸城（皇居）も、然りです。しかしこれらに対してそのような呼称はありません。いずれから見ても、今回の「新解説」はあやまりではないかとわたしには見えます。では、何か。

水城のそば（北側）に、「月の浦」や「月隈《ぐま》」があります。別段この地点で「月がよく見える」というわけではありません。これは「津城（月）」のことだと思います。つまり「御津城《みつき》」と同類です。「御」は「御笠川」「御井郡」「御原郡」などの御です。この辺まで弥生時代の海は入っており、「〜の浦」の地名がたくさん（陸地のまん中に）あります。このとき以来の「御津城《みつき》」に、「水城」という当て字をしたため、右のような「こじつけ解説」が生じたのでしょう。あの「君去らずタワー」（木更津市）のように（「きさ」プラス「ら」プラス「つ」。「きさ」は「うさ」「とさ」と同類の地形詞、「〜ら」は「むら」や「うら」の「ら」。自然地名です。それなのに、今年三月十日、木更津市で「君去らずタワー」が作られました）。

いわく、倭建命が木更津に着いたとき、弟橘媛を思って立ち去れなかった。そこで「君去らず」と言われた。

それがなまって「木更津《きさらづ》」になった、と現在称して、「君去らずタワー」を落成させたのです。観光のためにか、いわゆる「伝説」という名の「こじつけ」です。日本書紀の「水城解説」も、右に類した（本来の意義を失った）「こじつけ」だったのではないか。これがわたしの再びたちもどった理解です。

〈第三〉　右の直後、（四月二・三日）糸島郡へ行き、前原町に泊りました。そして「鬼前（オニノマヘ）」へ行きました。そうです。「鬼前大后」の「鬼前」です。「これも、地名ではないか、人名は地名をもとにしていることが多い」と考えて、現地（筑紫）の灰塚照明さんに調べていただいたところ、あったのです（お友達の鬼塚敬二郎さんは、かっての勤務などの関係で、この辺はとても「強い」方です）。唐津湾に近い桜井神社のそばです。「鬼」「鬼の内」「鬼の前」と分布しています。

また、隋書俀国伝の多利思北孤の太子「利歌弥多弗利」に対し、「太子を名づけて利と為す。カミタフの利なり」と読んで、「カミタフ」は地名ではないか、と灰塚さんにお聞きしたところ、これもあったのです。箱崎（宮）のそばの九大の構内に旧字地名として「上塔《カミタフ》の本《モト》」「下塔《シモタフ》の本《モト》」があったのです。そして「利」というのも、「町」や「村」に類した地名単位のようです。「惣利」「大利《オホリ》」といった「〜利」の形の地名が福岡市・春日市あたりに分布しています。「上塔利《カミタフリ》」はこの九大跡あたりの地名の感じですね。もちろん、地名は「きめ手」にはすぐにはできませんが、一つの暗示を与えてくれます。「利《リ》（地名単位）の上塔利《カミタフリ》の太子」と呼ばれていた人物と見ることも可能です（太宰府市の向佐野に「久郎利」があります）。

以上で御報告を終ります。

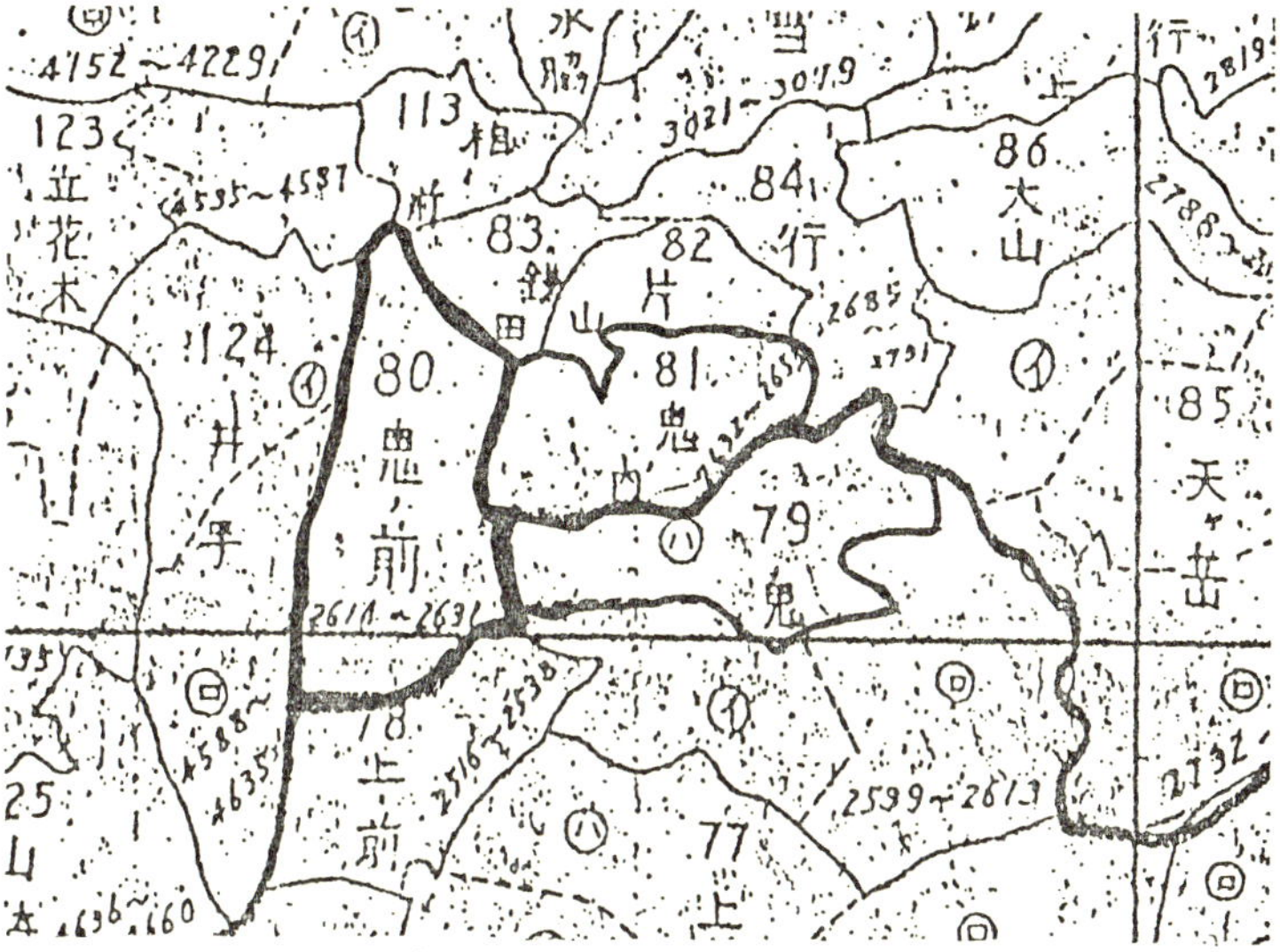

鬼ノ前、鬼ノ内、鬼（「桜井地区小字標定一覧図」〈1965年〉より）

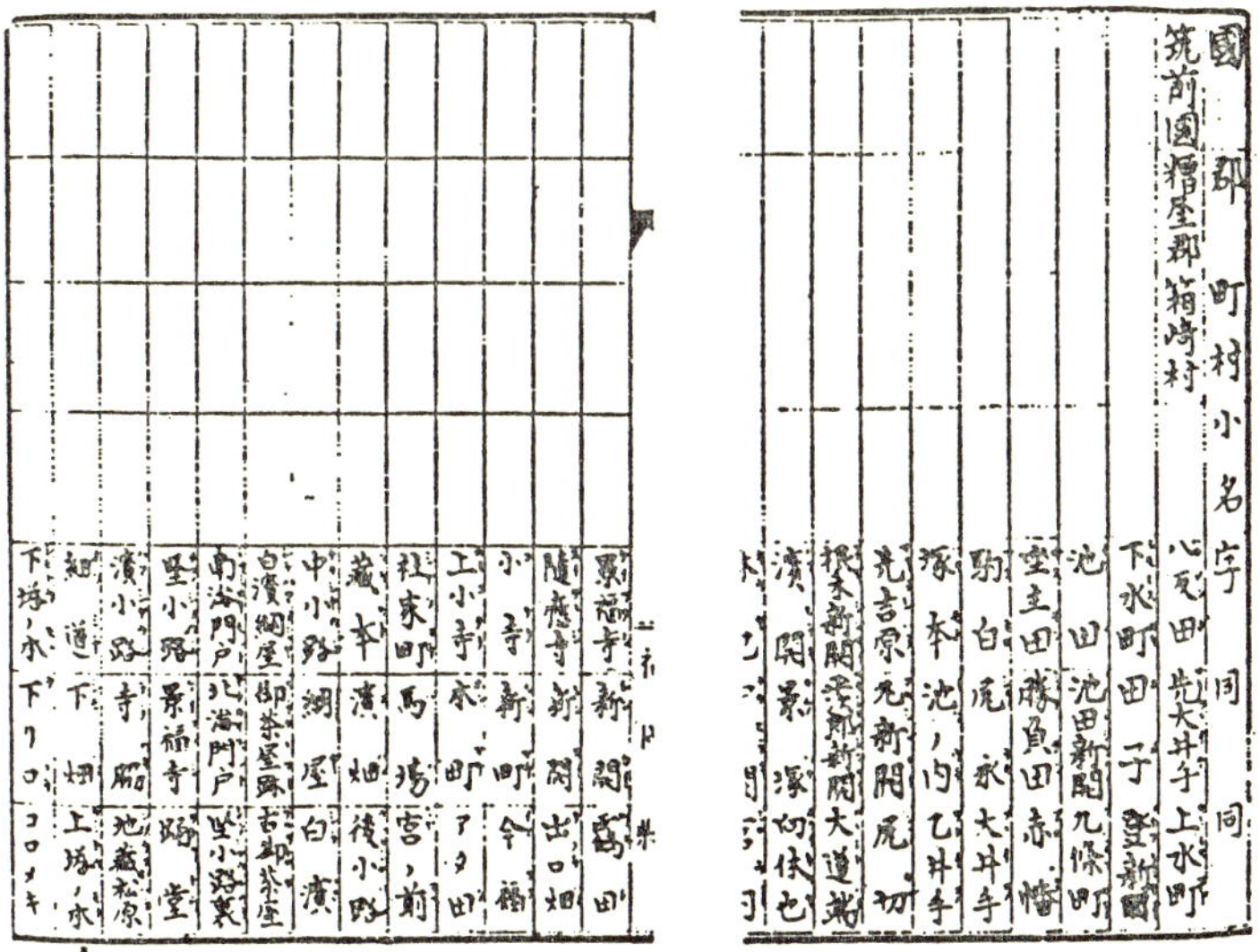
國　郡　町村　小名字
筑前國糟屋郡箱崎村
同　同
下水町　田ノ子　堂新開
池田　池田新開　九條町
堂主田　勝負田　赤幡
駒白　虎永　大井手
塚本　池ノ内　乙井手
先吉原　元新開　尻切
根木新開　受新新開　大道端
累福寺　新開　高田
随應寺　新開　出口畑
小寺　新町　今福
上小寺　本町　アタ田
社家町　馬場　宮ノ前
藏本　濱畑　後小路
中小路　網屋　白濱
白濱網屋　御茶屋跡　古御茶屋
南海門戸　北海門戸　堅小路裏
堅小路　景福寺　踊堂
濱小路　寺脇　地蔵松原
細道　下畑　上塔ノ本
下塔ノ本　下リ口　コロメキ

↑上塔ノ本

（『明治前期全国町村名小字調査書』より）

〈追伸〉

前回（三月二十日）の愚簡中、失礼の点、多々あり、つつしんで削除させていただきます。御寛恕お願いいいたします（同封、赤線部分、本書にては削除）。

なお、すでに仰せいただいているように「公開」させていただければ幸と存じます。後生のわたしにとってきわめて学問上多産であり、また種々勉強の土台となりましたので、一般の若い方にはさらに大きな学的刺激となることと存じます（大和近辺で「鬼の前」や「上塔」を探す方々も出て来られるか、と存じます）。

右、学問のため、伏して切にお願い申し上げます。

一九九二年五月五日

11 論争に生産性ありとするなら公表に異議なし

家永三郎

わざわざ速達、御返書ありがとうございました。三月二十日の前便で、学問的に収穫がなかったように思うと記し、三月十六日の貴簡で家永の主張には生産性が失われるとありましたが、今回三月十六日訂正版で後者をカットされたところをみますと、貴兄はこの論争に生産性がある（貴兄のほうだけの意味でしょうが）とお考えのようですから、それならば公表することに異議はありません。

●論争を終えて

精緻な論証と主観的独断の共存する古田学説

家永三郎

私信による論争を公開するのは、純粋に学問上の見解の相違を世間に発表し、第三者の批判を仰ぎ、学界に何ほどか寄与できればと考えるからである。ただし、はじめから公刊を予定して執筆する書評・反論論文とちがって、寄贈された著作への礼状中に、読後感を述べたのがはじまりであるから、読了までの時間も短く、精読・推敲の余裕が不十分のために、著書の誤読も生じる。本書のいわゆる「法華義疏」について、私が誤読したことは、本文中で撤回・陳謝しているとおりである。このような単純ミスは、古田氏と私との二人の間だけですませてもよいことがらであるが、大陸文化摂取の時間的ズレなど、実質問題にも言及しているし、往復書簡を、公開するからとて添削するのはフェアでないと思って、全文を公表する次第である。

著作を恵贈されたときに、御高著ありがたく拝受、あつく御礼申しあげます、興深く拝読いたしました、という程度の儀礼的文章だけを発信しておけば、それがいちばん手間どらないですむわけであるが、なにぶん数多い著作をほとんどみな頂戴しているばかりでなく、学界からの反応の無いのを不満としておられる古田氏にとり、そのような形式的礼状だけですませるのは失礼と思い、あえて読後の卑見を思いどおり申しあげることにして、このような私信論争となったわけである。

古田氏の学問は、著作の数・量がばく大であるばかりでなく、その内容も精細をきわめており、しかも結論にいたっては、学界の意表をつく新説にみちみちている。著者は、まず親鸞について精緻な実証的＝思想史的研究をおこない、次いで古代史に転じて国家の創成過程の研究を進め、考古学・中国史等の隣接領域の考察結果をも駆使して、九州王朝説と呼ぶ独自の古代史をおびただしい著作を通して展開してきた。私は、親鸞については戦争中自ら研究をした経験があるが、古代史では、七世紀から八世紀前半までについて研究したことがあるだけで、六世紀以前に関しては、自分で専門的な研究を試みたことが全然無いので、古田学説の全貌を評価する能力をもちあわせていない。したがって、古田氏の九州王朝説の当否を判断することはできないのであるが、歴史学研究者の末席をけがす一人として、その論証過程における実証の説得性の程度如何ということくらいは、およその見当がつかないでもない。

具体的に個々の部分に関する具体的な批判ができないために、印象批評になって申しわけないけれど、古田氏の学問には、きわめて精緻な実証に立脚し、反対説を圧倒していると見られるものと、その逆に、ほとんど論証ぬきの主観的独断的、少くとも優越する史料に拠り反対説を論破しているとは到底考えられないものとがあわせふくまれているように私には思われるのである。

例えば、教行信証後序の一部に、同書著作時の文章ではなく、承元の念仏弾圧当時の文書が挿入されていることの論証と、この部分もまた晩年の回想としてきたそれまでの通説とを比べ、あるいは好太王碑銘の重要部分が日本官憲の改竄によるとした李進熙氏との論争、魏志のテキストをめぐっての榎一雄氏との論争、「法華義疏」第一巻の冒頭部分が切除され別の用紙が竄入されていることの顕微鏡検査に基く発見等々では、その論証を追試していない私には、古田氏の論述をことごとく正当として支持する能力はないが、少くとも論証の精緻と説得力がいちじるしく高いことだけは判断するに吝ではないのである。

しかしながら、ぼう大な古田学説のあらゆる部分が、右の例示と同じ密度の精緻な論証をそなえているとは言えないと思う。私の判断できる範囲で、本書の私信による論争の主題となっている法隆寺罹災の日本書紀の「一屋無余」の一句の解釈、同寺金堂本尊が九州で制作され法隆寺に搬入されてその金堂本尊となったとする説、天寿国繡帳銘の聖徳太子忌日が後世の改竄であるとする説のごときは、本書所収の私の書簡で述べたとおり、文章に含まれていない意味の主観的付会、類推にならない事実による飛躍した類推、証拠の無い臆断等、前に例示した諸項目と比べるときには、その実証性・精密性が同一人の方法とは思われない程格段の相違を示していると言わざるを得ない。

古田氏は、公刊文中くり返し自説に対して学界からの反応の無いのを遺憾とする意を表明していられるが、はからずも氏と論争した私の経験によると、氏は反論に対し強弁をふるって自説を擁護することのみにつとめ、感情的口吻さえ随処に見られるのである。論争の理想は、たとい終局的には自説の維持に終るとしても、論争過程で何ほどか学界に新しい生産的成果を付加し、論争が無かったならば得られなかったであろうプラスの生れることにあるのではあるまいか。氏が私に対してとったのと同様の態度を、他の古代史研究者との論争でも執られるならば、おそらく論争の相手側は論争の無意味を感知して論争をする気を失なうにちがいない。あるいはそうなることを予感している故に、学界からの反応がほとんど無いのではないかとも想像したくなる思いを禁じがたい。

ことに私の危虞するのは、「一元史観」「多元史観」といったレッテルはりの語勢が強くなってきていることである。それは無理をしてでもそのレッテルの適不適に合わせて史実を理解しようとする強引な命題の定立固執を導くおそれ甚大である。法隆寺金堂本尊と天寿国繡帳銘文とについての古田説は、私にはそのような氏の姿勢からもたらされたもののように思われてならないのである。

氏は多くのファンをもっておられ、氏を囲む「市民の会」が組織されていると聞くが、そのメンバーのなかに、氏の学問的姿勢に対して忌憚のない苦言を呈する方が何人おいでになるのだろうか。私はもはや古代史学界の現役から完全に脱落した人間であるから、古田氏と学説の優劣を競おうというような気持から、上記のような言を発しているのでは絶対にない。むしろ氏の旺盛で精力的な学問的活動に大きな敬意をはらえばこそ、あえて苦言を呈する次第なのである。措辞の無礼にわたるところは、偏に寛恕を仰いでやまない。

最後に、この私信論争の契機となった前回刊行の『聖徳太子論争』という書名も、今回のこの本の『法隆寺論争』という書名も、いずれも内容に照して必ずしも適切ではなく、厳密には「法隆寺金堂本尊論争」とでも言うべきであろうが、必ずしもまるきり無関係の題名とも言えないので、便宜そのような書名を用いることに同意した次第である。

一九九三年二月一日

〔**追記**〕　九一ページ所見古田氏書簡中に、『続日本紀』聖武天皇神亀四年十一月二月条の「神器」を「神宝」と解釈していられますが、「神器」とは老子将欲取天下章第二十九所見の用語で、天子の位を意味します。「神宝」を「神器」と表現する用語法は、日本でも中世になってから発生したもので、古代にはありません。

〝言われた〟テーマ、〝言われなかった〟テーマ

古田武彦

一

前回の、家永さんとの「私信論争」（『聖徳太子論争』新泉社刊、一九八九年十月一日刊、収録）にひきつづき、今回新たに、総計十一回（家永・古田、各五回及び家永最終書簡）に及ぶ「私信論争」が公開されることとなった。今回は特に、途中で家永さんから「公開してもよい」旨の意思表示があり、わたしはもちろん直ちにこれを快諾した。従って「私信」といいながら、実は〝プライベート〟ならぬ〝オフィシャル〟の意義をもつ、緊迫感ある「公開論争」の実質をもっていたのである。

そのためか、好テーマ続出し、新たな「発見」が（特に、わたしにとって）相次いだ。たとえば、

一に、「政・悰・満の法則」。わたしにとって、研究生活史上の一大画期点となった、この法則は、実に、当「私信論争」中の「発見」であった（一九九二年一月一日、執筆した「すべての歴史学者に捧ぐ——政・悰・満の法則——」〈『昭和薬科大学紀要』第二六号、一九九二〉として結実）。

二に、「水城」問題。前から懸案になっていた。それが、この「私信論争」で〝表面〟に出た。そして現地に

あって、九州歴史資料館を訪ねた帰途、わたしにとっての「結着」を見た。これも、当論争によって、わたしが当面し、わたしが前進できたテーマだ。当論争に感謝すべき収穫の一であろう。

三に、「阿知王」問題。阿知使主が織工女を求めて呉に至り、兄媛・弟媛・呉織・穴織の四者を得て帰国したこと、応神紀に見えて戦前から著名であった。しかし、それに先立つ「高句麗訪問」は、倭国と高句麗の激突した、四世紀末前後の「史実」としては、皆目不自然という他ない。それは、好太王碑に記する、倭・高句麗、激突時代だからである。

ところがこれに反し、「皇暦」による〝応神時代〟、すなわち三世紀末〜四世紀初頭の史実、とすれば、様相は一変する。なぜなら、それは、例外的な「高句麗〜倭」両国の友好期間（西晋代）に当っているからである。

直接、本論争のメイン・テーマたる「法隆寺」には関係ないけれど、「九州王朝（筑紫の倭国）」という、一概念を（学問的仮説として）投入した途端、今まで死にかけていた史料、うすぼんやりとしていた史料が、にわかに息をふきかえし、躍如として生彩を放ちはじめる。昨年上梓した『神武歌謡は生きかえった』（新泉社刊、古田編著）も、その一であり、この「阿知王」説話（と筑紫の現地伝承）も、その一だった。

そして実は、当の「法隆寺金堂釈迦三尊銘文」も、その一、同じ方法で、同じ「復活」の輝きを見せるべき史料だ。——わたしが言いたかったのは、他でもない、この一点であった。

二

以上は、当論争の中で〝言われた〟テーマだ。だが、逆に、〝言われなかった〟テーマ、それも、右に劣らず、重要な意義をもつ。後代の識見ある研究史家は、必ずこの側面をも見逃さないであろう。

第一は、「天寿国繡帳」における次のテーマだ。

現存「天寿国繡銘」(「上宮聖徳法王帝説」所収)は「四百一字」である。しかるに、原物は「四百字」しか、わくがないのだ。この難点を、家永さんは、林幹弥氏のアイデア(「廿一日癸酉」を「廿一癸酉」とする)によって〃切り抜け〃られた。しかし、それでは、他の年月日記入と合っていない。その矛盾を、前回指摘した。しかし、前回も、今回も、ついに家永さんは、この矛盾点に対して、適切な回答をなしえられなかったのであった。

肝心のキイ・ポイントを再説しよう。

この同一の「天寿国繡帳」の銘文において、他のところ、たとえば「太子崩の歳時」については、

「明年二月廿二日甲戌」

という形で記されている。極めて普通の文体だ。これに対し、当の「多至波奈大女郎、為后の歳時」についてだけ、

「辛巳十二月廿一癸酉」

という「日」抜け、の文体にしたのでは、いかにも〃不揃い〃〃不恰好〃だ。

「四百字」という総字数への顧慮からいえば、全文中に頻出する(四回)「之」字などを削れば、すむのである。

しかるに、後代写本が、右の「日」抜け表記を行ったのは、問題の「太子崩の歳時」を

「二月五日」(原文)

から

「二月廿二日」(現、後代写本)へと〃改ざん〃した、その「余波」という可能性が高い。なぜなら、区劃上、この「太子崩の歳時」の〃近所〃で〃つじつま合わせ〃(数字上)を行う必要に迫られたため。そういう可能性が高い、或は、その可能性を無視できないのである。

これに対し、「上宮聖徳法王帝説」の場合、「区劃分け」など配慮せず、ただの全文掲載の形になっているため、右のような、実際は、あるはずのない「四百一字」型が現出した。これ、この型の銘文が、実は「原型」に非ず、〃一字ふやした〃改ざん型の露出と見なさざるをえぬこと、わたしはそれを、前回の『聖徳太子論争』の追記(九三〜一〇三ページ)に記した。

そして今回もさらに、この点の再解明をお願いしたのであったが、それに対する、新たな御回答はなかったのである。〃なかった〃ことに、一定の意義があるように思われる。

三

第二は、「法華義疏」〃改ざん〃問題だ。

昭和六十一年十月十七日、わたしは京都御所において現存御物本を調査した。顕微鏡写真・電子顕微鏡写真(及び普通撮影)による検査を行った結果、数々の意外な新事実を発見した(同行の専門家、中村卓造教授〈当時、助教授〉のおかげによる)。

その一は、第一巻右端下部が「鋭利な刃物で切り取られている」事実の発見であった。古写本中、「旧蔵者を隠す」ため、しばしば行われる手法であるけれど、この「法華義疏」にも、これあり、とは、かって報告されたことがなかった。当史料を学問的に扱うさい、誰人にも看過しえぬ、一大注目点であること、言うまでもない。この点、家永さんとの「私信論争」まで、誰一人〝ふれよう〟とした人を見ない。少くとも、わたしの目にとどいていないのである。聖徳太子を扱って著名な、梅原猛、上原和氏等も、〝口をつぐんだ〟ように、語られないのである。

これほどの重大事を、それも推測や臆測ではなく、ハッキリと当該写真を明示して提起したにもかかわらず、どの学者もこれに対して応答されぬ。これこそ、日本学界上の一大奇怪事ではあるまいか。

本「私信論争」でも、この点を特記し、家永さんの御応答をうながしたのであったけれど、ついにそれは、えられなかった。これもまた、〝えられなかった〟ことに、一定の意義があろう。

けれども、右の科学的検査は、他ならぬ、故坂本太郎氏の学問的勇気と廉潔さのおかげを深くこうむった、そのためであったこと、『古代は沈黙せず』（駸々堂刊）所収の「『法華義疏』の史料批判」追記（一一八ページ）に記した通りだ。この間の経緯をもっともよく知られるのは、当の家永さんであるから、この一点についての御応答のなかったこと、残念という他はない。（坂本さんのお宅におとづれる件、最初に御相談したのが、他ならぬ、家永さんその人であった）。

その二に、同じく右の科学的調査の結果判明した重大事実がある。

当御物本、冒頭の

法華義疏第一　（A）

此是大委国上宮王私集非海彼本　（B）

の料紙が、本文（このあとから、末尾まで）の料紙と全く相異している、という事実の発見であった。

その上、（B）部は当然ながら、肝心の（A）部もまた、本文とは、全くその「筆跡を異にしている」事実が判明したのである。

また、「本文」中の第一巻左端部のしめすように、

「法華疏第一」

とあり、これが正確な、本文の（本文筆者による）題名だ。

これに対し、冒頭の
「法華義疏第一」

は、別料紙、別筆跡のものを、先頭に〝貼り合わせた〟形になっていることが、検出されたのである。

以上は、議論の問題というより、「事実」の問題だ。しかも、基本史料の基本事実に関する問題である。

しかるに、右の愚著公刊よりすでに五年の歳月が流れているにもかかわらず、聖徳太子を論ずる論者からも、古代文献・書誌を専門とする学者からも、寂《せき》として声なきを見る。淋しい限り、と言う他はない。

これに対し、家永さんは、当問題に対してはじめて質疑を寄せて下さった。貴重である。

ただ、当方の「意図」への誤認を正されるところにとどまり、それが〝正された〟地点から、「では、なぜ、右の状況か」「右の状況でも、従来説（「法華義疏、聖徳太子真撰説」）は、保ちうるのか」といった、新しい認識領域での論争に及ばなかったのは、やはり物足らぬところ、と言わねばならぬ。

ただ、家永さんが
「もっとも今の私は三経義疏太子真作説には自信を失ない、判断を留保しておりますから」

と書かれるようになったのには、或は、右のようなわたしの科学的検査の成果も、〝影響〟しているのかもしれぬ。とすれば、今まで「表面上はなかった」学界の反応の一端を〝洩らされ〟た貴重な一文が、右の一節であるかもしれぬ。感謝したい。

四

第三こそ、肝心だ。先にあげた「政・倧・満の法則」である。この法則の「発見」乃至「確認」こそ、本「私信論争」のもたらした最大の収穫。わたしの目には、そう見えている。その点、このような学的刺激を与えて下さった、家永さんに対して、深い感謝をささげたい。

今、この「私信論争」で「発見」と言ったけれど、より正確には「確認」である。なぜなら、『失われた九州王朝』(朝日新聞社刊、現在、朝日文庫収録)を十九年前、上梓したとき、その冒頭に挙げた「連鎖の論理」、その歴史的骨格の再認識だからである。

しかし、この「私信論争Ⅱ」の開始される直前、例の「白樺シンポ」(一九九一年八月一〜六日)の第三日夜の自由討論のさいの木佐発言に触発された。そして本論争で、『日本書紀』天智紀の郭務倧来倭(正確には、四回)の第一、二回の記事にふれるに至り、あの倭人伝中の「二十年倭国滞在」問題と同様の論証力が、この「郭務倧の倭国滞在」にも、内在することを「見た」のだ。すなわち、『旧唐書』倭国伝の、最大の、もしくは最強の情報提供者は、この郭務倧だったのである。その軍事報告書こそ、倭国伝の情報源だったのである。

従ってこれを、「倭国と日本を併記するような不体裁」(岩波文庫『旧唐書倭国日本伝』解説)といった文辞で、いつも歴史学の本筋から〝ほうり出し、無視〟してきた、従来の日本歴史学は、その学問的信憑性を疑われるに至ること、今や不可避なのである。

そしてこの旧唐書倭国伝の記載を信憑するなら、七世紀前半の日本列島の全体図は、どうなるか。

当然、『隋書』俀《たい》国伝に言う多利思北孤は「九州の王者」であり、「光武帝の金印（志賀島）から白村江まで一貫して倭国とは、九州の王者（筑紫）を中心とする国家であった、という、基本の論理に立つ他ない。すなわち、七世紀前半、「日出づる処の天子」を称していたのは、筑紫の王者であり、大和の有力豪族（大王家。推古天皇〈後代名称〉や聖徳太子）ではなかったのである。これが「郭務悰の認識」に立つ場合、必然の判断である。

この必然の判断に依拠する限り、同じ時代（七世紀前半）の金石文である「法隆寺金堂、釈迦三尊光背銘」中に、「僧籍に入った天子」の称号である「法皇」（上宮法皇）や同じく「中心権力者」の証跡である「年号」（法興元卅一年）の字句を見出すとき、「これは、大和大王家に関する字句ではなく、筑紫の天子（日出づる処の天子）にかかわる文面ではないか」。このような疑問、このような学問的関心をもつに至ること、およそ回避できぬところだ。事実、わたしの問題意識は、右のようにして生じたのである。

この問題意識は、今回の「私信論争Ⅱ」において〝減退〟〝消滅〟するどころか、その逆となった。一層深く強く〝確信〟化することとなったのである。その論理的表現が、この「政・悰・満の法則」だった。

この論理とこの法則とが、もし成立しえないならば、およそこの「私信論争」の大前提、わたしの依拠点は一挙に瓦解せざるをえないのである。そのとき、「法隆寺金堂釈迦三尊光背銘」が、一気に〝聖徳太子にかかわるもの〟として、復権しうること、疑いがない。それゆえ、わたしはくりかえし、この「政・悰・満の法則」に関する、家永見解を披瀝されんことを乞うたのである。失礼の言辞あらば（家永さんがそのように感ぜられる点、もしあれば）快くこれを撤回し、ひたすら家永さんの御見解が出されること、（そして何よりも、本論争全体が「公開」されること）それを願ったのであった。

「公開」の件については、この新論争集の公刊によって、達成された。喜びにたえない。しかし、右の家永見解については、残念にもついに出されなかったのである（この点、当文と同時執筆の、家永さんの御文章にこれが現われることを、なお期待したい）。

けれども、ふりかえって沈思してみよう。家永さんの当問題に関する「沈黙」は、〝今回は、法隆寺釈迦三尊光背銘や天寿国繡帳銘といった金石文に直接関係するものに、問題を限定しよう〟との、学者乃至専門家としての〝慎重な自己抑制〟の表現であるかもしれぬ。

とはいうものの、当「私信論争」がしめしている通り、法隆寺とは直接関係のない「白村江の敗戦の戦死や捕虜」問題については、気軽に応答して下さっている（本書には、表現されていないけれど、わたしにとって、ここから重大な問題が進展した〈別述〉。この点もまた、深く感謝したい）。

これを思うと、やはり、家永さんにとって〝容易に答えがたい〟ような重要性を、この「政・悰・満の法則」に対して、感じとって下さったのかもしれぬ。

とすれば、それはまたそれとして、「意義あること」と言うべきであろう。

わたしは、先にのべたように、昨年（一九九二）一月一日、一論文を草した。その表題が「すべての歴史学者に捧ぐ」となっているように、家永さん以外の、すべての歴史学者に対しても、わたしのこのような「歴史判断」の是非を問いたい。そう切に望んでいる（さらに、この英訳・中国訳・韓国訳も、公刊された。『すべての日本国民に捧ぐ——古代史・日本国の真実』新泉社刊、所収）。

ともあれ、この法則に対する応答が〝なかった〟こと、この一事は研究史上、一段と注目されるべき事実であろう。
しかしながら、わたしにとってあまりにも実りの多かった本論争に応じて下さった家永先生の襟度に対し、末輩の後生たるわたしは、心の底から深い感謝の辞をくりかえさせていただきたいと思う。

（「郭務悰」「三種の神器」等の問題の新展開は「古代史の論理」〈『古代史論争』騒々堂刊、所収〉『失われた九州王朝』〈朝日文庫〉最終補章、並びに「天皇陵の史料批判」〈『天皇陵を発掘せよ』三一新書、所収〉参照。）

著者紹介

家永三郎（いえなが・さぶろう、1913—2002年）
歴史学者。自由民権期の近代思想家の研究や太平洋戦争への道を厳しく追及した著作、それに関連して教科書検定裁判で知られるが、歴史家としての出発点は日本古代思想史で、多くの基礎的な業績を残した。
主な著作に、『日本思想史に於ける否定の理論の発達』『上宮聖徳法王帝説の研究』『植木枝盛研究』『太平洋戦争』などがある。

古田武彦（ふるた・たけひこ、1926年—）
歴史学者。親鸞の研究者として出発、1970年より古代史の定説に再検討を迫る研究に専念し、大和朝廷一元史観に対して、北部九州など各地に王朝があったとする多元史観を提唱し旺盛な著作活動を続けている。
主な著作に、『日本古代新史』『関東に大王あり』『「君が代」は九州王朝の讃歌』（以上、新泉社）『古田武彦著作集』（明石書店）などがある。

新装　法隆寺論争

1993年 5 月 25 日　第 1 版第 1 刷発行
2006年 4 月　1 日　新装版第 1 刷発行

著者＝家永三郎，古田武彦
発行所＝株式会社　新泉社
東京都文京区本郷 2-5-12
振替・00170-4-160936 番　TEL 03-3815-1662　FAX 03-3815-1422
印刷・萩原印刷　製本・榎本製本

ISBN 4-7877-0604-7 C1021

新装　聖徳太子論争

家永三郎、古田武彦著　定価 1400 円（税別）

法隆寺に伝わるあの有名な釈迦三尊像。それは聖徳太子にかかわるものではなく、九州王朝のものだとする古田氏に対して、「上宮聖徳法王帝説」研究の先達・家永氏が反論。さらに古田氏が再反論。論題は古代文献の読み方へと進む。古代史ファンに見逃せない書簡論戦。

日本古代新史　●増補・邪馬一国の挑戦

古田武彦著　定価 1600 円（税別）

邪馬壱国・九州王朝・東北王朝の提起など、近畿天皇家一元主義のこれまでの日本古代史を批判してきた著者が、邪馬壱国から九州王朝の滅亡までを記述した注目の書。著者の方法論や最新の発見などを多くの図版・写真を用いて説明し、多元的古代史をわかりやすく解説する。

新版　関東に大王あり　●稲荷山鉄剣の密室

古田武彦著　定価 2800 円（税別）

関東にも九州王朝と同じく独自の国家権力が存在したのではないか。稲荷山鉄剣の銘文 115 文字が解明された時から近畿天皇家中心主義史観をくつがえす著者の“多元的古代の成立”への旅立ちが開始された。日本列島古代史の新たなる扉を開き「定説」の見なおしを鋭く迫る。